AF177067

Franz Wagner

Unternehmensziel Gesundheit

Beispiel einer Projektevaluation
betrieblicher Gesundheitsförderung

www.tredition.de

© 2017 Franz Wagner

Verlag: tredition GmbH, Hamburg

ISBN
Paperback: 978-3-7345-9275-1
Hardcover: 978-3-7345-9276-8
e-Book: 978-3-7345-9277-5

Printed in Germany

Franz Wagner ist Mitarbeiter der JKU Linz mit den Arbeitsschwerpunkten Bildung, Kommunikation und Gesundheit.

Inhaltsverzeichnis

1 Betriebliche Gesundheitsförderung (BGF)

Im Folgenden wird ein kurzer Überblick über allgemeine Aspekte von Betrieblicher Gesundheitsförderung (BGF) gegeben und worauf BGF allgemein gerichtet ist, anschließend wird darauf eingegangen, welche gesellschaftlichen und wirtschaftlichen Veränderungen der Arbeitswelt das Thema Gesundheit immer mehr in den Mittelpunkt der Unternehmensorganisation rücken. Weiters wird auf Ziele und Anliegen von ArbeitgeberInnen und ArbeitnehmerInnen eingegangen und unterschiedliche Motive für BGF werden besprochen. In einem ausführlichen Kapitel wird schließlich das konkrete Konzept der BGF beim Konzern X1X2 mit seinen unterschiedlichen Phasen der Implementierung über betriebsinterne Multiplikatoren genauer beschrieben und die die Ergebnisse und Konsequenzen des bereits abgeschlossenen Projekts besprochen.

1.1. Grundlagen und Ausgangspunkte

Die Gesundheitsförderung am Arbeitsplatz lässt sich in folgende Bereiche unterteilen: (vgl. Naidoo J./ Wills J. 2003, S. 271)
- Erste Hilfe und medizinische Behandlung
- Einstellungsuntersuchungen
- Unfallschutz
- Überwachung von Gesundheitsgefahren
- Überwachung von Infektionsgefahren
- Aufklärung und Beratung zu gesünderen Lebensweisen
  - Verfahren zur Schaffung gesünderer Arbeitsbedingungen
- Bereitstellung von Diensten, z.B. Bewegungsprogrammen, Vorsorgeuntersuchungen und Gesundheitsberatungen

Das Konzept der BGF baut auf einem engen Zusammenhang zwischen Gesundheit und Leistungsfähigkeit auf. Ursprünglich wurde das Konzept BGF für Großbetriebe entwickelt, jetzt wird BGF immer mehr auch in Klein- und Mittelbetrieben groß geschrieben.

„Das BGF-Konzept umfasst - gemäß den Richtlinien des Europäischen Netzwerks Betriebliche Gesundheitsförderung – alle gemeinsamen

Maßnahmen von ArbeitgeberInnen, ArbeitnehmerInnen und der Gesellschaft insgesamt zur Verbesserung von Gesundheit und Wohlbefinden am Arbeitsplatz" (Fonds Gesundes Österreich, 2006, S. 4). Dieses Ziel soll durch eine Verknüpfung folgender Ansätze erreicht werden:

- Verbesserung von Arbeitsorganisation und –ablauf sowie der Arbeitsbedingungen im Unternehmen
- aktive Einbindung der MitarbeiterInnen
- Stärkung persönlicher Kompetenzen

Bei einer erfolgreichen BGF erfüllt das Unternehmen nicht nur die gesetzlichen Mindestanforderungen, sondern setzt darüber hinaus zusätzliche innovative Maßnahmen, die darauf abzielen, den Betrieb zu einer „gesunden Organisation" zu entwickeln. Ein weiteres Ziel ist, es allen MitarbeiterInnen zu ermöglichen, länger gesund zu bleiben (vgl. Fonds Gesundes Österreich, 2006, S. 3 f).

1.2. Wirtschaftliche und gesellschaftliche Gründe für BGF

Hier soll kurz dargestellt werden, welche allgemeinen wissenschaftlichen Erkenntnisse es im Zusammenhang mit dem Thema Gesundheit und gesundheitspolitische Maßnahmen in der Gesellschaft gibt, und wie weit diese bereits umgesetzt bzw. in den Arbeitsalltag integriert werden.

Wissenschaftliche Forschungen haben ergeben, dass die Lebens- und Arbeitsbedingungen wesentlich zum psychischen und physischen Gesundheitszustand der Menschen beitragen. Folglich geben wissenschaftliche Bereiche, wie zum Beispiel die Gesundheitswissenschaften, Aufschluss über verschiedenste Einflussfaktoren (z.B. Gemeinde, Familie und Arbeit), die zur Entwicklung von Gesundheitsförderungs-, Präventions-, Kurations- und Rehabilitationsmöglichkeiten beitragen, jedoch in der Praxis noch wenig Anwendung finden. Besonders in der Gesundheitspolitik wird hauptsächlich nur technischen Entwicklungen des Kurationsbereiches Aufmerksamkeit geschenkt. Folglich wird der Finanzierung anderer Bereiche weniger Beachtung geschenkt und Budgeteinschränkungen werden vor allem in diesen Bereichen vorgenommen. Ein gutes Beispiel dieses gesellschaftlichen Problems stellt diesbezüglich die Kardiologie dar, welche sich besonders durch Kurationsmaßnahmen im Bereich Therapie und Chirurgie auszeichnet. Die Ausweitung dieser Maßnahmen ging jedoch kaum mit einer Bedarfsermittlung einher. Folglich wurde wenig Rücksicht auf Wirtschaftlichkeit, Effektivität und Zweckmäßigkeit genommen. Ein breites Wissensspektrum in der Kardiologie besteht jedoch in Bezug auf der Entstehung (unter Beachtung der Einflussfaktoren) und dem Verlauf von Herzkrankheiten und bildet somit die Basis für Gesundheitsförderung und Prävention. Jedoch wird dieses Wissen in der Praxis kaum angewandt (vgl. Badura, 2001).

Nach diesem kurzen Überblick über das Konzept der BGF soll nun dargestellt werden, warum in Zusammenhang mit wirtschaftlichen und gesellschaftlichen Veränderungen der modernen Arbeitswelt und ihren Herausforderungen und Anforderungen, der BGF immer mehr Bedeutung zukommt.

In den westlichen Industrieländern lässt sich durch das Ansteigen der Lebenserwartung und dem Rückgang der Geburtenrate eine Verschiebung in der Altersstruktur der Gesellschaft feststellen. Diese Entwicklung zeichnet sich ebenfalls in der Belegschaft von Unternehmen ab. Dieser Prozess hatte jedoch bisher noch nicht solche belastenden Auswirkungen, da die Möglichkeit der Frühpensionierung durch Anreize gefördert wurde, was jedoch höhere Finanzierungskosten bedeutete und nicht die erwünschte Wirkung auf den Arbeitsmarkt hatte (z.B.: geringere Arbeitslosigkeit). Eine Studie der OECD zeigte, dass Personen, welche die Möglichkeit der Frühpension wählen, mehr Sozialleistungen in Anspruch nehmen als jene, die länger im Dienstverhältnis bleiben. Folglich würde dies für eine Politik sprechen, welche Gesundheitsförderung und präventive Maßnahmen unterstützt. Alter korreliert neben sozialer Schicht sehr stark mit Krankheitsanfälligkeit, welche unter anderem vom Bildungsstand und dem Berufsstatus der ArbeitnehmerInnen und von deren Teilnahmemöglichkeiten und Arbeitsbedingungen im Unternehmen, der Unternehmenskultur, dem Führungsverhalten der Vorgesetzten, sowie von der betrieblichen Gesundheitspolitik beeinflusst (Badura, 2001, S. 783).

Unsere Arbeitswelt ist geprägt von Hektik, Tempo und Beschleunigung. Zeit wird zu einem kostbaren Gut, das kaum noch jemand frei für sich beanspruchen kann. Immer mehr Aufgaben sollen in immer kürzerer Zeit erledigt werden. Auf Innovationen in den unterschiedlichen Bereichen soll so rasch als möglich reagiert werden. Das hohe Tempo im Alltag vieler ArbeitnehmerInnen behindert oft selbständiges Denken und Handeln wird zu einem Reaktionsmuster, während für proaktives Verhalten kaum noch Raum ist. Die Belastungen, welchen die meisten ArbeitnehmerInnen am Arbeitsplatz täglich ausgesetzt sind, erreichen teilweise ein Ausmaß, das einen vollen Einsatz im Betrieb kaum noch möglich macht (vgl. Decker/Decker, 2001, S. 2).

Unternehmen wollen immer mehr Gewinne verzeichnen, es wird rationalisiert und eine stetig kleiner werdende Anzahl von ManagerInnen muss immer mehr leisten. Der Druck erhöht sich, mehr Leistung muss erbracht werden, dazu kommt, dass auch der Konkurrenzkampf und Mobbing zunehmen. Gleichzeitig sinkt die Arbeitsplatzsicherheit, all dies führt zu Stress- und Erschöpfungszu-ständen – auch in Führungsetagen (vgl. Decker/ Decker, 2001, S. 7 f).

Situationsanalysen in der Arbeitswelt zeigen, dass der Schutz der Gesundheit am Arbeitsplatz kaum gegeben ist und den An-forderungen der gesetzgebenden Stellen, wie zum Beispiel EU-Richtlinien und Regelungen, wenig entspricht. Dies trifft vor allem auf Klein- und Mittelbetriebe zu, die einer besonderen Begleitung dafür bedürfen (vgl. Badura, 2001, S. 782).

Weiters steigen die Arbeitsbelastungen für die ArbeitnehmerInnen, welche unter anderem durch die Internationalisierung und Zunahme des internationalen Wettbewerbs, sowie durch den stetigen technologischen Wandel entstehen. Besonders durch die Globalisierung und die damit verbundene internationale Orientierung von Unternehmen zwingt diese sich ständigen Optimierungs- und Neustrukturierungsprozessen zu unterwerfen um somit flexibel und innovativ handeln zu können und am internationalen Markt konkurrenzfähig zu bleiben. Um diese Ziele und Veränderungen zu erreichen, sind die Unternehmen auch auf die Unterstützung ihrer MitarbeiterInnen angewiesen, welche sich einer ansteigenden Komplexität des Tätigkeitsbereiches und der Übernahme größerer Verantwortung gegenübersehen. Um die Ressource Arbeitnehmer-Innen vor gesundheitlichen Risiken zu bewahren, sind vor allem präventive Maßnahmen sowie gezielte Gesundheitsförderung nötig (vgl. Badura, 2001, S. 782f).

Zudem entstehen durch die fortschreitende Internationalisierung und Globalisierung neue Unternehmensbeziehungen (z.b.: Zunahme von Unternehmensfusionen sowie von kleinen, auftragsabhängigen „virtuellen Unternehmen"), neue Unternehmensstrukturen (z.b.: Abbau von Hierarchieebenen) und damit verbunden neue Arbeits-formen, deren gesundheitlichen Auswirkungen auf die Arbeit-nehmerInnen noch nicht ausreichend erforscht wurden (vgl. Badura, 2001, S. 783). Aber nicht nur in der modernen Arbeitswelt werden Hektik und Zeitnot immer größer, häufig spiegelt sich diese Schnelllebigkeit auch in privaten Lebensbereichen wider. Auch vor dem politisch-gesellschaftlichen Bereich haben diese Tendenzen nicht Halt gemacht (vgl. Decker/ Decker, 2001, S. 3).

Schon die alten Griechen wussten, dass „ein gutes Leben ‚Körper, Geist und Seele' zusammenhält und Gesundheit und Beziehung fördert" (vgl. Decker/Decker, 2001, S. 4). Damit sich typisch menschliche Eigenschaften, wie Nachdenklichkeit, Kreativität, geistige Entwicklung etc. herausbilden können, ist ein Zustand von Entspannung und Ruhe notwendig. Die Schnelllebigkeit unserer Zeit und die damit verbundene Reflexionslosigkeit (wir haben keine Zeit mehr, über unser Handeln nachzudenken) gefährden unser Wohlbefinden und unsere Gesundheit.

Werden nun diese Entwicklungen betrachtet, wird bald klar, dass ein „gesundes" Unternehmen ein neu verstandenes Qualitäts-management für Leben und Arbeit braucht. Dadurch zeigt sich, dass nicht nur „gesunde" Zahlen und Bilanzen und ein „gesundes"

Erscheinungsbild zum Erfolg eines Unternehmens einen wesentlichen Beitrag leisten, sondern auch gesunde, vitale und kreative MitarbeiterInnen, ebenso wie ein gesundes, soziales und ökologisches Klima. Auch eine „gesunde" Führungskultur spielt dabei eine wesentliche Rolle.

1.3. Wechselwirkung: Arbeit und Gesundheit

Da ein großer Teil der Lebenszeit am Arbeitsplatz verbracht wird, ist die Gesundheit stark von der Arbeitswelt abhängig. Die Situation im Unternehmen nimmt so direkten Einfluss auf den Gesundheitszustand der MitarbeiterInnen. Betriebe sind daher auf die Gesundheit ihrer MitarbeiterInnen angewiesen.
Zwei wesentliche Faktoren bestimmen durch ihre Wechselwirkung die Gesundheit der MitarbeiterInnen:
- die bestehende Arbeitsbelastung,
- die vorhandenen gesundheitlichen Ressourcen.
Die BGF setzt an beiden Faktoren an und entwickelt daraus maßgeschneiderte Antworten und Verbesserungsmöglichkeiten (vgl. Fonds Gesundes Österreich, 2006, S. 5).

Es entsteht eine Gleichung, die heißt:
g e s u n d e s   l e i s t u n g s f ä h i g e s
Unternehmen   =   Unternehmen

Das Fundament bilden „gesunde" Zahlen und Fakten, sowie Erfolge am Markt. Durch *vitale* ausgeglichene, energievolle, motivierte, flexible, kreative und gesunde MitarbeiterInnen entsteht ein gesundes Betriebsklima mit einer positiven Kultur und Führung, das auf der „Mind*Vitness*" der Angestellten aufbaut. Eine ganzheitliche Sicht von Gesundheit ist notwendig, denn nur wenn Körper, Geist und Seele gesund sind, kann wirklich von Gesundheit gesprochen werden.
Da in Zukunft die Leistungsfähigkeit eines Unternehmens in einem großen Ausmaß von der Leistungskraft, dem Wohlbefinden, der Fitness und der Gesundheit der einzelnen MitarbeiterInnen abhängen

wird, kann Gesundheitsentwicklung auch als eine Form von Potenzial-Management gesehen werden. Fehlzeiten sind nicht mehr länger das Problem, sondern die Leistungsfähigkeit und Motivation der MitarbeiterInnen und deren Arbeitsproduktivität. Es geht darum, die verborgenen, ungenutzten Potenziale, Selbstförderungskräfte und Energien von MitarbeiterInnen durch eine gezielte Vitalitäts- und Gesundheitsförderung zu steigern und zu nutzen. Somit lassen sich wichtige wirtschaftliche Interessen von Unternehmen in Bezug auf BGF erkennen, zu den „gesunden" Zahlen und Fakten, hat sich die Gesundheit der MitarbeiterInnen gesellt.

Heute gilt Gesundheit als Voraussetzung für Produktivität, Leistungs- und Entwicklungsfähigkeit. Dabei geht es nicht nur rein um körperliche Gesundheit bzw. die Abwesenheit von Krankheit, sondern vielmehr um eine ganzheitliche Sichtweise. Gesundheit, Vitalität und Engagement werden als gesellschaftlich und wirtschaftlich relevant betrachtet (vgl. Decker/Decker, 2001, S. 23). Im 21. Jahrhundert sind für Wirtschaft und Gesellschaft nicht mehr vorrangig Rohstoffe und Energieverbrauch bestimmend, sondern vielmehr „der produktive und kreative Umgang mit den geistigen Kräften, mit Wissen und Information" (vgl. Decker/Decker, 2001, S. 25). Wir befinden uns also im Übergang von einer Produktionsgesellschaft in eine Wissens- und Informations-gesellschaft. Damit sich Gesellschaft und Wirtschaft in eine positive Richtung entwickeln können, ist eine Verbesserung der psychosozialen und mentalen Vitalität notwendig. Denn durch sie können große Einsparungen erreicht werden und gleichzeitig, die für den gesellschaftlich-ökonomischen Strukturwandel und die Erschließung neuer Märkte notwendigen Ressourcen, freigesetzt werden.

Seit Beginn der Industrialisierung ist das Leben der Menschen unnatürlicher, ‚künstlicher' und hektischer geworden. Kurz gesagt: Einige der zivilisatorischen Begleiterscheinungen machen krank. Der materielle Wohlstand hat einen hohen Lebensstandard geschaffen, der aber auch gleichzeitig mit einer Gesundheitsgefährdung einhergeht. Die Annahme, dass allein mit größerem zivilisatorischen Wohlstand und den Fortschritten in der Medizin die bisherige

Lebensweise gefördert bzw. erhalten werden kann, erweist sich zunehmend als irreführend. Durch falsche Ernährung, zu wenig Bewegung, Hektik etc. haben sich zudem zahlreiche Zivilisationskrankheiten entwickelt (vgl. Decker/ Decker, 2001, S. 32).

Gesundheitsförderung kann als Personal- und Organisationsentwicklung verstanden werden. Einerseits liegt die Verantwortung für die eigene Gesundheit bei den einzelnen MitarbeiterInnen in Form von Verhaltensprävention, andererseits beim jeweiligen Unternehmen in Form einer Verhältnisprävention. Gesundheit kann demzufolge nicht mehr als reine Privatsache der MitarbeiterInnen gesehen werden. Es ist notwendig, ganzheitliche Programme für eine aktive Gesundheitsförderung zu entwickeln (Decker/Decker, 2001, S. 40 f).

Wie bereits erwähnt, ist in den letzten Jahrzehnten ein starker Anstieg von Zivilisationskrankheiten zu beobachten. Dabei hat sich auch das Krankheitspanorama verändert. Neben einer steigenden Zahl von Muskel- und Skeletterkrankungen haben auch chronische Erkrankungen wie Diabetes, Herz-Kreislauferkrankungen etc. und psycho-mentale Gesundheitsprobleme wie beispielsweise Schlaflosigkeit, innere Anspannung etc. stark zugenommen. Traditionelle Instrumente des Arbeits- und Krankheitsschutzes greifen in Anbetracht der komplexen Gesundheitsprobleme zu kurz. Ein umfassendes und ganzheitliches Verständnis von Gesundheit und BGF wird notwendig (vgl. Decker/Decker, 2001, S. 44 ff) und begründet gesellschaftliche und wirtschaftliche Maßnahmen im Rahmen von BGF. Im Bereich der BGF ist durch gesellschaftlichen und betrieblichen Strukturwandel ein starker Veränderungs- und Innovationsbedarf notwendig.

Dies resultiert vor allem aus folgenden veränderten Anforderungen:

- Durch ungesunde Lebens- und Ernährungsweisen verschlechtert sich der Gesundheits- und Vitalitätszustand der Menschen, was auch eine betriebliche kompensatorische Gesundheitsentwicklung im Rahmen allgemeiner gesundheitspolitischer Maßnahmen notwendig macht.

- Aufgrund des Übergangs von einer Produktions- in eine Wissensgesellschaft, sind Unternehmen in Zukunft in erhöhtem Ausmaß vom inneren Engagement ihrer MitarbeiterInnen abhängig. Kreativität, geistiges Potential und persönliche Veränderungsbereitschaft werden in diesem Zusammenhang immer wichtiger.
- Verstärkte betriebliche Zusammenarbeit, Teamarbeit und Individualisierung fordern psycho-soziale Stabilität und Fitness (vgl. aktuelle Burn-out-Problematik)

Gesundheit wird zu einem Gestaltungsproblem, das durch erhöhte Krankenstände und Fluktuation sichtbar wird. Da es in Zukunft vermehrt auf die Arbeitsproduktivität ankommt, werden Gesundheit, Vitalität, psycho-sozio-mentale Stabilität, sowie MindVitness zu produktiven Potentialen. Allerdings ist dieses Mehr an Produktivität und geistiger Kompetenz nicht zum Nulltarif zu haben. Es erfordert eine Gesundheits- und Mentalentwicklung, ebenso wie eine bessere Sozialkultur (vgl. Decker/Decker, 2001, S. 60 f). „Gesundheitsförderung wird Teil der Arbeits- und Organisationsgestaltung und –entwicklung und Grundlage einer neuen Wirtschaftlichkeit" (vgl. Decker/Decker, 2001, S. 61).

1.4. Anliegen und Ziele betrieblicher Gesundheitsförderung

„...die Förderung von Gesundheit ist nicht nur effektiver und angenehmer, sondern auch wesentlich billiger als die Heilung von Krankheiten" (Egger-Subotitsch, Fritsch, Jelenko, Steiner 2007, S. 12). Betriebliche Gesundheitsförderung betrifft Maßnahmen der ArbeitgeberInnen und ArbeitnehmerInnen gleichermaßen. Allgemein verbinden ArbeitgeberInnen mit dem Konzept Betrieblicher Gesundheitsförderung „die Chance, mit der künftigen Alterung der ArbeitnehmerInnen (demographische Entwicklung, Erhöhung des gesetzlichen Pensionseintrittsalters) wirkungsvoll umgehen zu können" (ebda, S. 13). Die Anliegen auf Seiten der ArbeitgeberInnen lassen sich also zu folgender Frage zusammen-fassen: Inwieweit sind ihre MitarbeiterInnen im Stande zu arbeiten und wie kann ihre Arbeitsleistung verbessert werden (vgl. ebda, S.13). Basierend auf dieser Fragestellung lassen sich die Anliegen der ArbeitgeberInnen, bezüglich Maßnahmen der betrieblichen Gesundheitsförderung auf folgende Punkte zusammenfassen:

- ArbeitgeberInnen erwarten sich eine gesteigerte Arbeitszufriedenheit und Arbeitsproduktivität ihrer ArbeitnehmerInnen.
- Weiters besteht ihr Interesse darin, die Anzahl der Krankenstände langfristig zu senken.
- Darüber hinaus besteht ein Anliegen darin, die Produkt- und Dienstleistungsqualität zu steigern.
- Folglich soll auch eine Verbesserung der betrieblichen Kommunikation und Kooperation stattfinden und dies soll zu einer Imageaufwertung des Unternehmens führen (vgl. Egger-Subotitsch, Fritsch, Jelenko, Steiner 2007, S. 13).

Auf Seiten der ArbeitnehmerInnen lassen sich die Anliegen bezüglich betrieblicher Gesundheitsförderung ganz allgemein unter „Schaffung und Verbesserung gesundheitsgerechter bzw. gesundheitsfördernder Arbeitsbedingungen" zusammenfassen. Dieser allgemein formulierte „Slogan" beinhaltet folgende konkrete Anliegen der ArbeitnehmerInnen: (Egger-Subotitsch, Fritsch, Jelenko, Steiner 2007, S. 13)

- weniger Arbeitsbelastung
- verringerte gesundheitliche Beschwerden
- gesteigertes Wohlbefinden
- besseres Betriebsklima
- mehr Arbeitszufriedenheit
- gesünderes Verhalten im Betrieb und Freizeit
- Vergrößerung von Bewältigungskompetenzen

Bei den Anliegen der ArbeitnehmerInnen bezüglich der Betrieblichen Gesundheitsförderung ist anzumerken, dass „dabei präventive Ansätze und deren Verankerung im ArbeitnehmerInnenschutz eine ungleich größere Rolle als auf ArbeitgeberInnenseite spielen" (ebda, S. 14). Durch die formulierten Anliegen sowohl von ArbeitnehmerInnen als auch von Seite der ArbeitgeberInnen lassen sich nun folgende vier allgemeine Motive der betrieblichen Gesundheitsförderung (Decker/ Decker, 2001, S. 91) ableiten:

- *Das humanitäre Motiv:*

Dieses Motiv umfasst die Tatsache, dass betriebliche Gesundheitsförderung „aus der Verantwortung von Management und Gewerkschaft für das Wohlergehen und die Gesundheit der Beschäftigten" hervorgeht.

- *Das Verfügbarkeits- und Kostenmotiv:*

Bei diesem Motiv handelt es sich neben der Reduktion von Fehlzeiten auch um die Niedrighaltung der Kosten für die Gesundheitsstörungen, die verbesserte Kostenminimierung für die Produktivität und Leistungsqualität der MitarbeiterInnen, da Gesundheit bzw. Krankheit Kostenfaktoren darstellen (vgl. Decker/Decker, 2001, S. 91).

- *Das Wettbewerbsmotiv:*

Dieses Motiv beinhaltet, dass Marktüberlegenheit nur durch „MindVitness, durch Flexibilität, Kreativität, Engagement und Motivation" der MitarbeiterInnen erreicht werden kann.

- *Erhalt wertvoller Qualifikationen und Fähigkeitspotenziale:*

„Mobilität ist teuer, Fachkräfte sind knapp. Denn Vitalität und Gesundheit, aber auch deren Betriebsbindung zu erhalten bzw. zu verbessern ist ein wichtiges Ziel" (Decker/Decker, 2001, S. 91).
Bei den Zielen der betrieblichen Gesundheitsförderung wird in der Literatur zwischen primären und sekundären Zielen der BGF unterschieden. Die primären Ziele sind eine allgemeine Benennung, wozu betriebliche Gesundheitsförderung eingesetzt wird. Dabei handelt es sich, um die „Verbesserung der seelischen und körperlichen Gesundheit unter ganzheitlicher Perspektive mit dem Schwerpunkt der beruflichen Arbeitswelt" (Logo Consult, 2003).

Bei den sekundären Zielen sind konkrete Ziele formuliert, die Aufschluss darüber geben, welche Bereiche durch betriebliche

Gesundheitsförderung gefördert beziehungsweise verbessert werden können. Konkret handelt es sich dabei um (vgl. Logo Consult, 2003):

- Förderung und Verbesserung der Selbst- und Sozialkompetenz.
- Förderung und Verbesserung der Reflexionsfähigkeit.
- Förderung und Verbesserung der Flexibilität.
- Förderung und Verbesserung der Eigenständigkeit.
- Förderung und Verbesserung der Leistungsbereitschaft.
- Förderung und Verbesserung der Beziehungs-, Kommunikations- und Integrationsfähigkeit sowie der Verantwortlichkeit, Wahrnehmung und Teamfähigkeit.
- Work Life Balance: Rolle, Rollenverständnis und Identität im privaten und beruflichen Umfeld. (Logo Consult, 2003)

1.5 Die vier Grundprinzipien der BGF
(vgl. Fonds Gesundes Österreich, 2006, S. 6)

Ganzheitliches Gesundheitsverständnis	nicht nur individuelle Verhaltensweisen, sondern auch die Rahmenbedingungen müssen ‚gesünder' gestaltet werden
Partizipation	gemeinsam mit den MitarbeiterInnen etwas für die Unternehmensgesundheit tun
Projektmanagement-Kreislauf	plan- und zielorientiertes Vorgehen, d.h. systematische Vorgehensweise von der Analyse bis zur Auswertung
Beteiligte und Betroffene	dauerhafte Erhöhung der Kompetenzen und Fähigkeiten innerhalb des Betriebes

1.6 Das Konzept Betriebliche Gesundheitsförderung und seine Umsetzung

Im vorangegangenen Teil wurde kurz skizziert, welche Veränderungen und Anforderungen sich in der modernen Arbeitswelt vollziehen, die es notwendig machen, dass Unternehmen ein neues Verständnis der Ressource Arbeitskraft und zum Thema Gesundheit entwickeln, um somit langfristig erfolgreich sein zu können. Weiters wurden die Ziele von ArbeitgeberInnen und ArbeitnehmerInnen, sowie Motive und Ziele der BGF besprochen. In diesem Abschnitt werden nun die Grundvoraussetzungen für die Umsetzung eines BGF-Projektes genauer dargestellt.

• BGF ist eine Führungsaufgabe und nur dann erfolgreich, wenn das Projekt von der Unternehmensführung als wichtige Aufgabe erkannt und als solche behandelt wird. Dieses Projekt erfordert sowohl Engagement als auch einen eigenständigen Beitrag des Betriebes. Dieser kann beispielsweise durch die Bereitstellung von Arbeitszeit und finanziellen Mitteln erfolgen.

• Alle Beteiligten des Unternehmens müssen in das Projekt miteinbezogen werden. So können Ideen, Kenntnisse und Erfahrungen aller MitarbeiterInnen von Anfang an berücksichtigt werden. Dadurch können das Engagement und die Motivation aller MitarbeiterInnen gesteigert werden und maßgeschneiderte Konzepte gemeinsam erarbeitet und getragen werden.

• Innovation statt Reparatur meint, dass es bei der BGF nicht nur um die Verringerung von Krankenstandstagen geht, sondern viel mehr um Innovationen, die eine Neugestaltung von Unternehmens-strukturen und der Führungskultur beinhalten. So finden gesundheit-liche Belange auch in Zukunft stärkere Beachtung.

• Eigeninitiative ist gefragt, denn wenn die Initiative nicht vom Unternehmen selbst ausgeht, kann das Projekt kaum erfolgreich umgesetzt werden.

• Eigenes managen des BGF-Projektes stellt sicher, dass Projektziele, Termine und Kosten in Einklang gebracht werden können. Dazu werden wichtige Werkzeuge des Projekt-managements verwendet: Projektplan, Kostenplan, Informations-plan und auch die kontinuierliche Überprüfung der gesteckten Ziele (vgl. Fonds Gesundes Österreich, 2006, S. 6f).

1.7 Vier Schritte auf dem Weg zum gesunden Unternehmen

In der Praxis ist der Weg durch folgenden ‚klassischen' Managementkreislauf in vier Schritten zu beschreiben - bei der konkreten Umsetzung dieser Schritte ist die Unternehmensgröße von großer Bedeutung. Erfahrungen haben gezeigt, dass hier die entscheidende Zahl von 50 MitarbeiterInnen zu beachten ist, und die jeweiligen Vorgehensweisen darauf abgestimmt werden müssen.

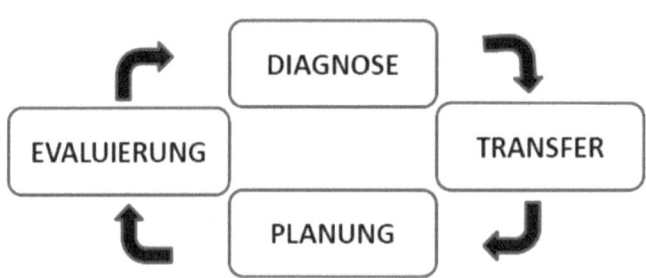

1.7.1 Diagnose

Die Diagnose ist vor Start eines BGF-Projekts sehr wichtig. Sie dient der Problemanalyse und der Bedarfserhebung. Für die dafür notwendige Ist-Analyse stehen mehrere Instrumente zur Verfügung:

Betriebliche Gesundheitskonferenz:
gemeinsames Analysieren der Situation im Betrieb mit möglichst vielen MitarbeiterInnen
Management-Befragung:
Selbsteinschätzungs-Fragebogen zur Standortbestimmung, um zu erfassen, was das Unternehmen bereits in Sachen Gesundheitsförderung tut
Gesundheitsbefragung:
Befragung mittels anonymem, standardisiertem Fragebogen möglichst vieler MitarbeiterInnen aus allen Abteilungen
Krankenstandsauswertung:
Auswertung von Daten zur Arbeitsunfähigkeit

Gesundheitsbericht:
zusammengefasste, wichtigste Ergebnisse der Diagnose-Phase diesen erhalten alle „Betroffenen"

1.7.2 Planung
Im Wesentlichen geht es hier um die Strategieentwicklung und die Ressourcenplanung. Ein wichtiges Instrument ist dabei der Gesundheitszirkel: Die Beschäftigten eines Unternehmens setzen sich in einem Arbeitskreis mit ihren Arbeitsbedingungen auseinander. Ausgangspunkte sind gesundheitliche Belastungen. Sie sprechen über ihre Erfahrungen, analysieren diese Erkenntnisse, entwickeln neue Lösungen und erarbeiten Vorschläge zur Umsetzung dieser Inhalte. Ein so genannter Maßnahmenplan wird erarbeitet.

1.7.3 Umsetzung
In dieser Phase stehen die Maßnahmen und die Qualitätssicherung im Vordergrund. Die Maßnahmen zielen überwiegend auf die Verbesserung der Lebens- und Verhaltensweisen der MitarbeiterInnen ab. Mit den Methoden des Projektmanagements fällt es leichter, das Projekt der Gesundheitsförderung im Betrieb umzusetzen. Damit wird sichergestellt, dass der erarbeitete Maßnahmenplan in einem vorher abgesteckten Zeitrahmen, mit den zur Verfügung stehenden Mitteln, das bestmögliche Ziel erreicht. Ein typisches Projekt umfasst folgende Aspekte (siehe nächste Seite):

1.7.4 Evaluierung
Bei der Evaluierung sind die Dokumentation, die Auswertung und die Ergebnisanalyse von zentraler Bedeutung. In allen Phasen des Projektes ist eine gute Dokumentation sehr wichtig und sinnvoll. Sie erleichtert die Leitung und die Steuerung des Projektes und dient auch als Grundlage für die Kommunikation der Projektziele und der Arbeitsschritte. Die Kommunikation ist nach innen genauso wichtig wie nach außen. Die Gesundheitsbefragung und der Gesundheitsbericht sind zwei wesentliche Bereiche der Dokumentation. Die Gesundheitsbefragung sollte sowohl vor dem Projekt, als auch einige

Zeit nach Ende des Projektes durchgeführt werden. Damit kann festgestellt werden, wie wirksam das Projekt wirklich war.

	VERHALTEN Individuelle Maßnahmen (gesunde Menschen)	VERHÄLTNISSE Strukturelle Maßnahmen (gesunde Organisation)
Allgemeine Gesundheitsfaktoren	**Kurse und Vorträge** zu Themen wie: Ernährung, Bewegung, Individuelle Seminare, (z.B. Stress-, Konflikt-management) Alkohol, RaucherInnen-Entwöhnung	**Rahmenbedingungen:** gesundes Angebot in der Kantine, rauchfreie Zonen am Arbeitsplatz, Ruheräume, Betriebsvereinbarungen zu Alkohol am Arbeitsplatz, Organisation von Veranstaltungen, (kultureller, sozialer und sportlicher Art) betriebliches Fitnesscenter
Arbeitsbezogene Gesundheitsfaktoren	**Personalentwicklungs-maßnahmen:** Führungsverhalten, Kommunikation, Teamfähigkeit, berufliche Qualifikation, Arbeitsmarktfähigkeit, Ergonomie	**Arbeitsgestaltung:** Handlungs- u. Entscheidungsspielräume Arbeitsabläufe und Prozesse Teamarbeit Arbeitsplatzgestaltung Erhaltung des Arbeitsplatzes (z.B. für ältere ArbeitnehmerInnen)

Der Gesundheitsbericht sollte zu Beginn und auch am Ende des Projektes erstellt werden. Sein Ziel ist es, zuerst die Ausgangslage zu beschreiben und dann als Zusammenfassung der Effekte und der Auswirkungen des Projektes zu dienen (vgl. Fonds Gesundes Österreich, 2006, S. 9ff).

1.8. Projektspezifische Aspekte betrieblicher Gesundheitsförderung

1.8.1 Informationen

Betriebsinterne Informationen

Die Kommunikation des Projektverlaufes und der Ergebnisse aus dem Projekt ist enorm wichtig. Es sollen aber auch Möglichkeiten der Beteiligung für die Beschäftigten geschaffen werden, sodass eine Partizipationskultur gelebt werden kann. Beides kann mittels spezieller Foren (Gesundheitskonferenzen, Gesundheitszirkel, neue Formen von Besprechungs- und Informationsveranstaltungen) geschehen, die zum Informationsaustausch, zur Diskussion und somit zur Meinungsbildung anregen (vgl. Meggeneder / Pelster/Sochert, 2005, S. 152).

Informationen von außen
(Teilnahme an Unternehmensnetzwerken zur BGF)
Der gegenseitige Erfahrungsaustausch in allen Phasen des Projektes ist wichtig und hilfreich für die Unternehmen. (vgl. Newsletter WEG, 1/2006, S. 2) So können beispielsweise von anderen Unternehmen gewonnene Erkenntnisse im eigenen Unternehmen angewandt werden, gemeinsame Schulungs- und Weiterbildungsveranstaltungen abgehalten werden, etc. – die Möglichkeiten von Kooperationen sind hier vielfältig. Kooperationen mit Innungen, Fachgruppen oder Interessensvertretungen werden angedacht, wobei diese z. B. Informationsdatenbanken bereitstellen, als Veranstalter von Informationskampagnen zur verstärkten Verankerung der Thematik in der öffentlichen Diskussion beitragen oder auch in Form eines Sponsor auftreten könnten (vgl. http://wko.at/sp/bgf/BGFStudie.pdf).

1.8.2 Anreize schaffen

Das Ziel der BGF ist es, gesundheitsförderndes Handeln dauerhaft im Unternehmen zu verankern. Dies bedeutet, dass BGF ein dauerhafter Prozess sein soll. Hier sind Anreiz- und Belohnungssysteme sinnvoll, wobei viele Unternehmen hier die Verantwortung der Sozialversicherungsträger ansprechen (vgl. Tagungsbericht zum 8. Infotag

2003, S. 12), die sich „schließlich einiges ersparen", wenn die Unternehmen gesundheitsfördernd agieren. Als hervorragendes Beispiel für ein Anreizsystem ist das vom Fond Gesundes Österreich geförderte „Gütesiegel für Betriebliche Gesundheitsförderung" zu nennen.

Das Gütesiegel wird für jeweils 3 Jahre vergeben, und zeichnet Betriebe (z. B. IBM, Flughafen Salzburg, ÖMV) aus, die internationale Qualitätsstandards für BGF erreichen. Neben dem Gütesiegel werden aber auch Betriebe prämiert, die langfristige und nachhaltige Gesundheitsförderung betreiben. All diese Anreizsysteme sind willkommene Werbung für die Firmen und unterstreichen innovatives Denken und Handeln (vgl. Newsletter Weg 1/2006).

1.8.3   Kooperationen auf institutioneller Ebene

Da das Thema BGF allgemein in den Unternehmen noch nicht sehr präsent ist, und für das hohe Potential in der Arbeitswelt noch wenig Bewusstsein besteht, bedarf es begleitender Maßnahmen auf regionaler und auch auf überregionaler Ebene. Eine Zusammenarbeit von Ministerien, SozialpartnerInnen, Sozialversicherungsträgern, InteressensvertreterInnen, Kammern und AkteurInnen der BGF wäre notwendig und hilfreich, wenn es um gezielte Informations- und Sensibilisierungskampagnen geht. Es geht darum, Maßnahmen der BGF auf überbetrieblicher Ebene einzubetten (Schulungen, Verbreitung von Best-Practice-Bei-spielen), oder auch z.B. um die Initiierung und Durchführung von weiteren Pilotprojekten (vgl. http://wko.at/sp/bgf/BGF Studie. pdf, S. 84ff).

1.8.4   Sensibilisierung für gesundes „Altwerden"

In unserer auf die Jugend ausgelegten Arbeitswelt bedarf es einiger Informations- und Sensibilisierungskampagnen, um auch Klein- und Mittelbetriebe darauf aufmerksam zu machen, dass die älteren

ArbeitsmarktteilnehmerInnen besser in die Unternehmen eingebunden gehören. Dazu soll die BGF einen eklatanten Beitrag leisten,
um ältere Menschen und deren Know-How länger in den Betrieb
einzubinden. Da sich das Pensionsantrittsalter auf Grund der
demographischen Entwicklung weiter erhöhen wird, scheint es
unerlässlich für die Unternehmen, die langjährigen Erfahrungen der
MitarbeiterInnen zu sichern. Das gelingt nur, wenn die Betriebe
Rahmenbedingungen für ein gesundes „Altwerden" in der Arbeitswelt
festlegen. Als ein solches Sensibilisierungsprogramm gilt das
Programm der irischen Wirtschafts-kammer „ARROW skillnet" (vgl.
http://wko.at/sp/bgf/BGF Studie.pdf, S.85f).

1.8.5   Schulung von MultiplikatorInnen
Besonders informiert und sensibilisiert gehören Personen-(gruppen),
die im ständigen Kontakt mit den Unternehmen stehen. Die
Sensibilisierung betrifft vor allem das Altersmanagement und die
Grundlagen der BGF. ExpertInneninterviews haben gezeigt, dass sich
die Informations-vermittlung an die Unternehmen über persönliche
Kontakte als viel versprechend erweist und auch die Europäische
Stiftung zur Verbesserung der Lebens- und Altersbedingungen
empfiehlt verstärkt auf MultiplikatorInnen zu setzen, um
Unternehmen für altersgerechte Ansätze zu sensibilisieren. Als
Beispiel hierfür gilt das „Finnish National Programme for Ageing
Workers". Als solche MultiplikatorInnen in Frage kommen:
Fachgruppen- und InnungsvertreterInnen, Fachkräfte des Arbeit-
nehmerInnenschutzes, RegionalmanagerInnen sowie Ansprech-
personen der Sozialpartnerschaften (vgl. http:// wko.at/sp/bgf/
BGFStudie.pdf, S.86).

1.8.6   Finanzielle Förderungen
Finanzielle Unterstützungen für kleine Unternehmen zur Umsetzung
BGF sind unumgänglich, da diese Kleinunternehmen über wenig
zeitliche Ressourcen verfügen. Außerdem sind einfache und
unbürokratische Anforderungen für Förderungen von Nöten. Am
einfachsten erscheint hier eine indirekte Förderung von geförderten

Initiativen, wie etwa switch2006.at. Eine andere Möglichkeit scheint, gebunden an Mindestqualitätskriterien, eine direkte finanzielle Förderung. Allerdings müsste der administrative Aufwand der Antragstellung für die Unternehmen erheblich reduziert werden. Die verschiedenen Möglichkeiten der Förderungen der BGF sind an die Unternehmen zu kommunizieren (vgl. http://wko.at/sp/bgf/ BGFStudie.pdf, S.86).

1.8.7 Pilotprojekte

Als wichtige Argumentationsgrundlage zum erreichen anderer Unternehmen dienen Praxisbeispiele, in denen zukunfts- und alternsorientierte BGF umgesetzt wurden. Durch Erfahrungen aus der Praxis, kann der Nutzen und die Effektivität der BGF anderen Unternehmen vor Augen geführt werden. Im Besonderen sind für Kleinbetriebe Pilotprojekte zu finanzieren, um Erkenntnisse bezüglich der Möglichkeiten der Umsetzung der BGF zu erlangen. Diese Erkenntnisse können in weiteren Schritten optimiert und weiter entwickelt werden. (vgl. http://wko.at/sp/bgf/BGFStudie. pdf, S.87).

1.8.8 Zugang zu Unternehmen

Das Hauptproblem Unternehmen für die BGF zu gewinnen liegt darin Interesse zu schüren und letztlich eine Teilnahme am Projekt zu erwirken. Aufgrund der Heterogenität der Betriebe ist es sinnvoll, diese über bereits bestehende Strukturen, wie etwa Innungen, anzusprechen. Ein Problem, den dieser Weg allerdings beinhalten kann, ist, dass solche Netzwerke oft den Nutzen für die von ihnen betreuten Betriebe nicht erkennen. Der wirtschaftliche Nutzen der BGF muss für die Unternehmen klar ersichtlich sein (vgl. http://wko.at/sp/bgf/BGFStudie.pdf, S.87).

1.9 Nutzen und Kosten der Gesundheitsförderung

Für MitarbeiterInnen und für den Betrieb hat Gesundheitsförderung eine Reihe positiver Effekte. Beispielsweise gehen gesunde MitarbeiterInnen, die sich wohl fühlen und sich mit dem Unternehmen identifizieren, nicht nur seltener in Krankenstand, sie leisten auch mehr und sind so insgesamt produktiver. Das heißt weiters, dass Gesundheit, Identifikation und Motivation Hand in Hand gehen. Die Kosten für ein Gesundheitsförderungsprojekt bleiben durch die klar strukturierte Vorgehensweise überschaubar (vgl. Fonds Gesundes Österreich, 2006, S. 8).

Durch aktive BGF, die ganzheitlich arbeitet, also Körper, Geist und Seele mit einbezieht, können Unternehmen die Leistungsfähigkeit und Produktivität ihrer MitarbeiterInnen steigern und versteckte Potenziale aktivieren, was wiederum den Erfolg erhöht.

Die MitarbeiterInnen sind das wichtigste Kapital eines Unternehmens, vor allem dann, wenn geistige Arbeit gefragt ist und nicht mehr Produktion. Das Engagement, die Motivation und die Kreativität der MitarbeiterInnen tragen entscheidend zum Erfolg eines Unternehmens - auch in schlechten Zeiten - bei. Diese Fähigkeiten brauchen aber, um optimal genutzt werden zu können, ein geeignetes, entspanntes und stressfreies Umfeld. Die Gesundheit der MitarbeiterInnen ist hierzu unverzichtbar und muss aktiv vom Unternehmen gefördert werden.

Zahlreiche Studien zeigen, dass BGF Erfolge verbuchen kann und zur Produktivität und zum Erfolg eines Unternehmens beitragen kann. Somit kann Gesundheitsförderung profitabel sein, allerdings ist es schwierig, Energie und Vitalität der MitarbeiterInnen, Motivation und produktives Denken, sowie soziales Miteinander zu quantifizieren. Daher können sie auch nicht in eine solche Rechnung miteinbezogen werden. Aufgrund des gesellschaftlichen und betrieblichen Strukturwandels wird die ganzheitliche Förderung der Gesundheit der Menschen immer wichtiger, dazu zählt einerseits eine gewisse Eigenverantwortung jeder einzelnen Person und andererseits eine entsprechende BGF auf Unternehmensseite. Nur so kann die Produktivität langfristig gesteigert und die Sozialkultur in einem Unternehmen verbessert werden.

1.10 Projekt WEG: Wirtschaftlicher Erfolgsfaktor Gesundheit

Bevor das spezifische Projekt beschrieben wird, soll ein Beispiel aus der Praxis die vorangegangenen Ausführungen zur BGF erläutern, die einzelnen Schritte und Phasen eines Projektes nachvollziehbar machen und somit aufzeigen, wie ein Projekt betrieblicher Gesundheitsförderung konkret funktioniert und wie es wirkt. In diesem Zusammenhang haben wir uns für das vom Fonds Gesundes Österreich ins Leben gerufene Projekt WEG (Wirtschaftlicher Erfolgsfaktor Gesundheit) entschieden. Hierbei handelt es sich um ein einzigartiges, betriebs- und Bundesländer übergreifendes BGF-Projekt, welches anhand seiner Konzeption als Modell für an betrieblicher Gesundheitsförderung interessierte Unternehmen bei der Entwicklung und Durchführung eigener Maßnahmen, in diesem Bereich dienen soll.

1.10.1 Entstehung und Konzept

Im Jahr 2003 wurde das Projekt WEG vom Fonds Gesundes Österreich initiiert. Ziel war es, die Erfahrungen im Bereich betrieblicher Gesundheitsförderung, die Notwendigkeiten und Umsetzungsgesetzmäßigkeiten, welche bei derartigen Projekten von Großunternehmen bereits gesammelt wurden, auf kleinere und mittlere Unternehmen zu übertragen. Es galt zu klären, wie sich diese Erkenntnisse auf kleinere und mittlere Unternehmen übertragen lassen, welche Probleme und Hürden sich bei diesen Unternehmungen ergeben und was bei kleineren und mittleren Unternehmen, im Vergleich zu Großunternehmen, in dieser Hinsicht anders ist. Fragen, auf die es Antworten zu finden galt und welche, im Zuge des Projektes, auch beantwortet wurden. Erkenntnisse betrieblicher Gesundheitsförderung in Großunternehmen wurden in diesem Rahmen auf kleine und mittlere Unternehmen übertragen, um so Anregungen, Erkenntnisse und Instrumente zu gewinnen, die für BGF-Projekte in diesen wichtig und unmittelbar nutzbar sind. In seiner betriebs- und bundesländerübergreifenden Konzeption sollte das Projekt WEG, aufgrund seines modellhaften Charakters, somit als praxisnahes

Umsetzungsmodell betrieblicher Gesundheitsförderung für Klein- und Mittelbetriebe dienen.

Mit der Entwicklung und Umsetzung des Projektes wurde die österreichische Kontaktstelle für betriebliche Gesundheitsförderung beauftragt. Von der Planung bis zum Abschluss lief das Projekt von 2002 bis 2006 (vgl. Fonds Gesundes Österreich, 2006, S. 3ff).

Am Projekt nahmen insgesamt 12 Unternehmen teil, aus Oberösterreich, Salzburg und der Steiermark, aus den Branchen Bau- und Nebengewerbe, Bergbau, Tourismus und Gastronomie.

Die Zahl der Beschäftigten pro Unternehmen betrug zwischen 18 und 95. Über die gesamte Dauer des Projektes hinweg wurden die beteiligten Unternehmen professionell begleitet. Die wichtigsten AnsprechpartnerInnen waren dabei die Regionalstellen des Österreichischen Netzwerkes für betriebliche Gesundheitsförderung (vgl. Egger-Subotitsch et al., 2007, S. 39).

1.10.2 Der Projektkreislauf

„Im Wesentlichen folgte das Modellprojekt WEG dem klassischen Managementzyklus von Diagnose – Planung – Umsetzung – Evaluierung. Für jede der vier Phasen wurden anschlussfähige Instrumente und Methoden entwickelt" (Fonds Gesundes Österreich, 2006, S. 5).

Diagnosephase

„Die Diagnosephase unterschied sich nicht wesentlich von den herkömmlichen Instrumenten der BGF. Schriftliche Gesund- heitsbefragung, Auswertung der Krankenstände und betriebliche Gesundheitskonferenzen wurden durchgeführt. In dieser Phase konnte bei der Mehrheit der MitarbeiterInnen in den beteiligten Betrieben ein erweitertes Verständnis von Gesundheit erzeugt und somit ein gedanklicher Paradigmenwechsel bei den Unternehmen bewirkt werden" (Egger-Subotitsch et al. 2007, S. 40). Somit gestaltete sich die Diagnosephase doch sehr ausführlich. Neben der Problemanalyse und der Bedarfserhebung im Rahmen der Diagnosephase gelang es, durch die ausführlichen Erhebungen, auch ein Verständnis von Gesundheit im Unternehmen zu wecken, zu transportieren. Auf Basis der gewonnenen Daten wurden branchenspezifische Gesundheitsberichte erstellt, die an alle MitarbeiterInnen der jeweiligen Unternehmen gingen (vgl. Fonds Gesundes Österreich, 2006, S. 5).

Planungsphase

In der Planungsphase wurde mit der Installation von Gesundheitszirkeln, welche durch externe ModeratorInnen begleitet wurden, begonnen. Erfahrungen und Belastungen der Gesundheit der MitarbeiterInnen wurden gesammelt und ausgetauscht, analysiert und in weiterer Folge Lösungen entwickelt, Vorschläge erarbeitet. Hierbei zeigte sich, dass auch kleine Personengruppen (zwischen vier und sechs TeilnehmerInnen) zu durchaus differenzierten und umfangreichen Ergebnissen kommen können. Für einen Großteil der eingebunden Unternehmen waren die eingerichteten Gesundheitszirkel die erste Erfahrung in partizipativer Gruppenarbeit. Diese wurden in Folge als eine Art Durchbruch in der Kommunikation, hin zu einer neuen Kommunikationskultur im Unternehmen wahrgenommen und führten, neben konstruktiven Vorschlägen zur Verbesserung der Gesundheit, durch das aktive Miteinbeziehen der MitarbeiterInnen, auch zu einer allgemeinen Erhöhung der Akzeptanz dem Projekt gegenüber bei der Belegschaft. Die gewonnenen Ergebnisse wurden der Führungsebene präsentiert, welcher im Verlauf des Projekts und dessen Umsetzung eine Schlüsselposition zukommt (vgl. Egger-Sobotitsch et al. 2007, S. 40).

Umsetzungsphase

Aufbauend auf die Erkenntnisse der Diagnosephase und der Gesundheitszirkel, entwickelte und setzte jedes Unternehmen spezifische Schwerpunkte. Durch Projekte im Bereich des Lebensstiles, der Arbeitsabläufe, des Betriebsklimas, etc. wurden deutliche gesundheitliche Verbesserungen bei den MitarbeiterInnen erkennbar. Relevante Problemfelder in allen beteiligten Unternehmen waren das Konflikt- und Stressmanagement und der Bereich der gesunden

Führungskultur. In diesen Bereichen war ein großes Interesse seitens der MitarbeiterInnen vorhanden. Im Bereich des Konflikt- und Stressmanagement wurden Schulungen und Seminare im Schulungsverband angeboten. Im Bereich der Führungskultur wurde ein Curriculum entwickelt und firmenübergreifend umgesetzt. Vor allem in kleineren und mittleren Unternehmen haben die Führungskräfte eine zentrale Rolle bei der Kommunikation und Kooperation inne. Durch firmenübergreifende Umsetzung konnte u. a. auch der Lerntransfer zwischen den einzelnen Unternehmungen gefördert werden (vgl. Fonds Gesundes Österreich, 2006,S. 5).

Evaluation

In den gesamten Projektverlauf eingebunden war die Evaluation, welche extern durch das Ludwig Boltzmann Institut durchgeführt wurde. „Dabei wurde darauf geachtet, die Erhebungsinstrumente und die Dokumentation möglichst effektiv zu gestalten und die Beteiligten nicht zu überfordern oder zeitlich stark zu beeinträchtigen" (Egger-Subotitsch et al. 2007, S. 40). Die verwendeten Instrumente waren: zwei schriftliche Panelbefragungen, Dokumentationsbögen, Fragebögen für die Projektakteure, sowie zwei Fokusgruppen mit den Projektverantwortlichen und GeschäftsführerInnen (vgl. Egger-Subotitsch et al. 2007, S. 40).

1.10.3 Hürden in der Umsetzung

„Eine der ersten Hürden des Projektes war unzweifelhaft die Rekrutierung der Unternehmen (...). Anfangs musste intensive Überzeugungsarbeit geleistet werden. Und erst mit engagierten persönlichen Gesprächen konnten die Modellunternehmen zu einer Teilnahme bewegt werden" (Fonds Gesundes Österreich, 2006, S. 3). Dann, bei der Umsetzung des Projektes, war wohl der Faktor Zeit eine der größten Hürden – es konnte meist nicht schnell genug gehen. Zeit scheint in kleineren und mittleren Unternehmen (KMUs) eine noch viel höhere Bedeutung zu haben, als in Großunternehmen. „Die Projekte für KMUs sollten schlanker, konzentrierter und geraffter vor sich gehen, da sonst die Gefahr besteht das anfängliche Feuer an andere

Interessen oder ganz einfach das Alltagsgeschäft zu verlieren" (Fonds Gesundes Österreich, 2006, S. 3). Anzumerken ist jedenfalls, dass nur Unternehmen, welche sich bereits zuvor mit dem Thema Gesundheit beschäftigt haben, Zugang zum Projekt gefunden haben. Überraschend für die Beteiligten war vor allem die Komplexität des Themas Gesundheit, dass sich betriebliche Gesundheitsförderung nicht nur auf Rückenschule und Raucherentwöhnung beschränkt. „... dass das Projekt stark auch Licht z. B. in die Organisationsstrukturen brachte und dahin-gehend auch Lösungsansätze generiert wurden, die nicht vordergründig mit der Gesundheitsproblematik in Verbindung gebracht wurden" (Fonds Gesundes Österreich, 2006, S. 3). Bei Betrieblicher Gesundheitsförderung handelt es sich um einen kontinuierlichen Prozess. Essentiell ist, dass Betriebliche Gesundheitsförderung von der Führungsebene getragen und gelebt wird. „Nur wenn die Führung mit Engagement bei der Sache ist, wird auch die Belegschaft die Energie für notwendige Maßnahmen aufbringen" (Fonds Gesundes Österreich, S. 3f).

Nur wenn sich die Führung kontinuierlich mit dem Thema Gesundheit auseinandersetzt, ist eine dauerhafte Etablierung eines BGF-Projektes in die Unternehmenskultur möglich und Gesundheitsthemen gehen nicht im Laufe der Zeit im Alltagsgeschäft unter (vgl. Fonds Gesundes Österreich, 2006, S. 3f).

1.10.4 Bilanz: Der WEG rechnet sich

Zusammenfassend kann gesagt werden, dass es sich beim Projekt WEG um ein sehr interessantes, erfolgreiches, lehrreiches Projekt handelt, von welchem alle Beteiligten, Unternehmen und Beschäftigte, profitiert haben und mit dessen Hilfe ein brauchbarer Leitfaden für interessierte Unternehmen, bei der Umsetzung eigener Projekte im Bereich betrieblicher Gesundheitsförderung geschaffen wurde.

Im Zuge des Projektes konnte eine Vielzahl von Erfolgen verzeichnet werden:

- „Das Projekt konnte sich auf ein ausgezeichnetes Projektmanagement stützen, was zuallererst in der Einhaltung aller Zeit- und Kostenpläne zum Ausdruck kommt" (Fonds Gesundes Österreich, 2006, S. 15).
- Ein positives, der Gesundheit verpflichtetes Klima in den Unternehmen konnte aufgebaut und erhalten werden.
- Eine beträchtliche Zahl von Projekten wurde von den TeilnehmerInnen entwickelt und umgesetzt, von denen die meisten erfolgreich waren und in Folge zu einer Verbesserung der Situation der MitarbeiterInnen geführt haben - unter anderem im Bereich der Lebensstile, der Arbeitsabläufe und -organisation, dem Betriebsklima, dem Verhältnis der MitarbeiterInnen zu den Vorgesetzten usw.
- Eine Reduktion der Fehlzeiten zwischen 10 und 20 %.
  Bei der Abschlussbefragung standen zwei Drittel der Beschäftigten dem Projekt eindeutig positiv gegenüber und würden dieses auch anderen Betrieben empfehlen (vgl. FGÖ, 2006, S. 3 u. 15).

1.10.5 Modellcharakter

Die im Rahmen des Projektes WEG gesammelten Erfahrungen wurden in einem Handbuch zusammengefasst und werden an Betrieblicher Gesundheitsförderung interessierten Klein- und Mittelunternehmen als Projektleitfaden zur Verfügung gestellt (erhältlich bei der oberösterreichischen Kontaktstelle für betriebliche Gesundheitsförderung). Obwohl das Projekt offiziell abgeschlossen ist, werden noch Daten archiviert, evaluiert und dokumentiert, sicherlich ein Zeichen dafür, dass das Projekt erfolgreich verlaufen ist und auch nachhaltig Wirkung zeigen wird (vgl. Fonds Gesundes Österreich, 2006, S. 15).

2. Das Projekt BGF im Konzern X1X2

2.1 Die Situation des Konzerns

Der Konzern X1X2 ist ein führender Infrastrukturkonzern mit einem wertorientierten Wachstum im Kerngeschäftsbereich und in zwei weiteren Segmenten. Die Marktgebiete liegen im Gründungsstaat und weiteren Ländern Zentral- und Osteuropas. Das Ziel ist es, Marktführer oder erster Herausforderer zu sein. Das erreicht der Betrieb in erster Linie durch die hochwertigen und kundenorientierten Leistungen seiner kompetenten Mitarbeiter. Mit innovativen, umweltfreundlichen Produkten und Dienstleistungen ermöglicht es der Betrieb seinen Kunden mehr Lebensqualität, Sicherheit und Erfolg. Die enge Zusammenarbeit innerhalb des Konzerns und mit seinen Partnern ist ein wesentliches Poten-zial für den wirtschaftlichen Erfolg. Wertorientiertes Handeln macht den Konzern X1X2 zu einem attraktiven Partner der Eigentümer und Kapitalgeber. Der Konzern beschäftigte in den letzten Geschäftsjahren durchschnittlich über 5.000 Mitarbeiterinnen und Mitarbeiter und ist wie beschrieben in angrenzenden Nachbarländern tätig. Das Kerngeschäft basiert in erster Linie auf langfristigen Verträgen mit Kommunen und bietet die Chance auf stabile und sichere Ergebnisse. Weitere Wachstumsmöglichkeiten ergeben sich in den nächsten Jahren aus der Übernahme der EU-Standards durch die CEE-Länder. Das starke Kerngeschäft und ein dynamisches Wachstum in weiteren Segmenten bietet dem Management die Basis für die Umsetzung der wertorientierten Wachstumsstrategie und die Fortsetzung der Erfolgsgeschichte des Konzerns.

2.2 Der Konzern und seine Kernsegmente

Der Konzern gliedert sich in vier Segmentbereiche; ein Segment bildet einen wichtigen Wachstumsbereich und basiert in erster Linie auf langfristigen Verträgen, wodurch stabile und sichere Ergebnisse erwartet werden. Das zweitgrößte Segment hat vor allem in Zentral- und Osteuropa Spitzenpositionen erreicht.

2.3 Die Unternehmensgrundsätze

Die Unternehmensgrundsätze des Konzerns X1X2 gliedern sich in fünf Bereiche:

- allgemeines Ziel
- wirtschaftliches Ziel
- MitarbeiterInnen
- KundInnen
- gesellschaftliche Verantwortung.

Das im Leitbild festgeschriebene Ziel ist, Marktführer oder erster Herausfordere im Kerngeschäft zu sein. Dies soll in erster Linie durch die hochwertigen und kundenorientierten Leistungen der kompetenten Mitarbeiter im Konzern erreicht werden.

Mit innovativen, umweltfreundlichen Produkten und Dienstleistungen soll den Kunden mehr Lebensqualität, Sicherheit und Erfolg ermöglicht werden. Die enge Zusammenarbeit innerhalb des Konzerns und mit den Partnern stellt laut Leitbild ein wesentliches Potenzial für den wirtschaftlichen Erfolg dar. Ergebnisorientiertes Handeln macht den Konzern zu attraktiven Partnern der Eigentümer und Kapitalgeber.

Selbstverständnis

Wachstum in allen Geschäftsbereichen und das Streben, besser als die Mitbewerber zu sein, sind laut Leitbild wesentliche Ziele.

Diese sollen durch die enge Zusammenarbeit innerhalb des Konzerns, durch Kooperationen und Partnerschaften, Flexibilität und Optimierung des Leistungsangebotes für die Kunden erreicht werden. Neben dem überzeugenden Kundennutzen steht dabei auch der wirtschaftliche Erfolg des Konzerns im Vordergrund.

KundInnen

Das Leitbild definiert die Zufriedenheit der Kunden als Maßstab für das Handeln. Dauerhafte, auf Vertrauen basierende Kundenbeziehungen werden angestrebt und sollen den Ruf als kompetenter und zuverlässiger Partner ständig weiter ausbauen. Schwerpunkte sind dabei umfassende Qualitätsorientierung, höchstmögliche Sicherheit und bester Servicestandard in allen Geschäftsbereichen.

MitarbeiterInnen
Der Leitbildtext gibt der Überzeugung Ausdruck, dass eEin sicheres und gesundes Arbeitsumfeld, Weiterbildung und Personalentwicklung die Motivation und Qualifikation der Mitarbeiter fördern. Vorbildwirkung, Teamgeist und offener Wissens- und Informationsaustausch zeichnen die Führungskräfte aus. Ein gutes und kollegiales Arbeitsklima stellt einen wichtigen Beitrag zur Unternehmenskultur dar.

Wirtschaftliche Ziele
Laut Leitbild will der Konzern attraktive Rendite erzielen, den Wert des Konzerns nachhaltig steigern und so für Eigentümer und Kapitalgeber ein zuverlässiger und interessanter Wirtschaftspartner sein. Basis des Erfolgs soll das effizientes Chancen- und Risikomanagement sein.

Gesellschaftliche Verantwortung
Im Leitbild werden Versorgungssicherheit und verantwortungsbewusster Umgang mit den Ressourcen als maßgeblich zur erfolgreichen Entwicklung der Wirtschaft und zur Sicherung der Lebensqualität genannt. Als wichtiger Arbeitgeber übernimmt der Konzern Verantwortung für die Ausbildung junger Menschen und unterstützt Bildung, Kultur, Soziales und Sport.

2.4 Organisatorische Rahmendaten und Geschichte des Projekts BGF

Ziel des Projekts BGF ist die langfristige Sicherung und Nutzung des Erfolgspotenzials für den Konzern X1X2, bei größtmöglicher Zufriedenheit und Gesundheit aller MitarbeiterInnen.

Aus einem Vorgängerprojekt hat sich das Projekt BGF entwickelt. Der Projektleiter hatte im Konzern ein Projektteam zur Unterstützung an seiner Seite. Die organisatorischen Rahmenbedingungen für das dreijährige Projekt stellten weitere Herausforderungen dar, denn während des Projektanlaufes bzw. auch noch während des Projekts wurden die MitarbeiterInnen durch Umstrukturierungsmaßnahmen zusätzlich belastet. Besonders die innerbetrieblichen BGF-PartnerInnen (im folgenden Text auch in synonymer Verwendung BP-Partner genannt) mussten sich mit dieser Umstellung auseinandersetzen, da sie nun teilweise zu anderen Gesellschaften dazugehörten und mit neuen Führungskräften und Vorgesetzen zusammenarbeiten müssen.

Die Aufgaben des Projektkernteams / Steuergruppe:
- Strategische Steuerung des Projekts
- Vernetzung zwischen Auftraggeber, Umsetzungsinstanzen und Fördergeber
- Sicherung des Inhaltes und des Prozesses des Projektes
- „Die Steuergruppe ist der Motor für das Projekt" (Entscheidungen vorantreiben und sicherstellen)
- Zeitetappenfestlegen und abstimmen
- Vernetzung aller Sub-Projekte
- Steuerung der Gesundheitszirkel
- Kommunikation und Projektmarketing sicherstellen
- Integration und Vernetzung in der Konzernstruktur

Aufgaben der Projektleitung:
- Die offizielle Leitung und Koordination des Projektes
- Ziel-Operationalisierung im Gesundheitsmanagement
- Festlegung von Indikatoren zur Erfolgsmessung und Einschätzung der Erfolgsgrößen
- Regelmäßige Informationen an den Projektbeirat
- Vernetzung der Erkenntnisse
- Entscheidungseinholung von Steuergruppe
- Budgethoheit im Gesundheitsmanagementbudget
- Projektcontrolling (u.a. Arbeitsplan für die Projektdauer)
- Regelmäßige Berichterstellung
- Vernetzung und Einbindung der externen Projektbegleitung und der externen Prozess-Evaluation

- Entwicklung von geeigneten Maßnahmen und Sicherstellung des Projektmarketings

2.4.1 Zur Diagnosephase

Begonnen wurde die Diagnosephase mittels **Human Work Index**. Der HWI® ist das erste und einzige Bewertungs- und Steuerungsinstrument, welches das Arbeitsvermögen der MitarbeiterInnen in den drei Dimensionen Arbeitsbewältigung (das Können), Arbeitsinteresse bzw. Sinnfindung (das Wollen) und Zusammenarbeit (das Dürfen) misst. (vgl. IBG, 2014). Auf der Grundlage dieser (damals) aktuellen Datenbasis wurden alle inhaltlichen Teile des Projekts konkret entwickelt.

2.4.2 Zur Planungsphase

Im Zuge des Projektantrages wurde folgende Planung entworfen:

Zeitraum	Geplante Tätigkeit
Mai bis August	**Vorbereitungsphase** Informationsaufbereitung, Durchführung von Gesundheitszirkel in speziellen Gruppen, Bildung von Arbeitsgruppen zu den Themen Ernährung, Bewegung, und Entspannung.
September bis August	**Umsetzungsphase** Laufendes Programmangebot Intensive Projektkommunikation
September bis November	**Zwischenanalysephase** Projektevaluierung; Überprüfung der Wirkung und des Kosten-Nutzen-Verhältnisses.
Dezember bis Jänner	**Planungsphase** Anpassung bereits umgesetzter Maßnahmen; bestehende gesundheitliche Standards des Betriebes werden weiterverfolgt.
Februar - März	**Umsetzungsphase** Laufendes Programmangebot Intensive Projektkommunikation

April –	**Analysephase**
Juni	Neuerliche Projektevaluierung;
	Durchführung einer Mitarbeiterbefragung, Erstellung eines Gesundheitsberichts

2.4.3   Zur Umsetzung und Evaluierung

Folgende programmatische Linie der konzeptionellen Planung der Evaluation stammt aus dem Evaluationskonzept des Projektantrages: „Die besten Resultate erhält man durch eine Kombination mehrerer Methoden unter Berücksichtigung von Verfahren, die nicht allein auf Meinungen und Einstellungen (wie Fragebogen und Interview) fokussieren, sondern auch auf konkrete, in den Settings nachweisbare Veränderungen." Die Evaluation des Gesundheitsprojektes beschäftigt sich damit mit folgenden Fragen:

- Wurden die Ziele des Projekts erreicht?
- Welche Ergebnisse wurden erzielt?
- Wurden strukturelle Veränderungen erreicht?
- Wie werden die spezifischen Veränderungen von den Beteiligten bewertet?
- Hat sich an Hand des Human Work Index eine Verbesserung eingestellt?
- Ist die Kompetenz der MitarbeiterInnen erhöht worden, nachhaltig für die Gesundheit sorgen zu können?

Im Kontext nachhaltiger Entwicklung hat eine formative Evaluierung im Sinne von Rückkoppelungs- bzw. Feedbackschleifen einen zentralen Stellenwert. Es kommt zur laufenden Abstimmung der Vorgangsweisen im Projektteam. Unter anderem werden sämtliche Analyseergebnisse innerhalb des Projektteams diskutiert und interpretiert.

Folgende Zielkriterien sollen der Evaluierung dienen:
- Human Work Indes und alle drei Dimensionen (Arbeitsbewältigung, Arbeitsinteresse, Zusammenarbeit)
- Ergebnisse aus der Befragung in Bezug auf

Belastungsprofile und Arbeitsanforderungen
- Vorschläge der MitarbeiterInnen (aus Befragung oder aus laufenden Verbesserungsvorschlägen)
- Krankenstand bzw. „Gesundheitsziffer" sowie Unfallstatistiken
- Zugriffe auf Gesundheitsseiten der Homepage
- prozentuelle Nutzung der Angebote

Die Methode und die wesentlichen Ergebnisse dieser begleitenden formativen Evaluierung werden im Kapitel 3 dargestellt.

2.5 Arbeits- und Organisationsplan des Projekts BGF

Aus dem von IBG entwickelten HWI (Human Work Index) zur Messung der persönlichen Produktivität der MitarbeiterInnen und zur Prognose der Gesundheitsentwicklung in Betrieben liegen für X1X2 folgende Ergebnisse vor: Es werden 80 von 100 möglichen Prozentpunkten erreicht; Arbeitsbewältigung und Arbeitsinteresse sind ausgezeichnet und die Zusammenarbeit ist gut.

Folgende Wünsche und Meinungen seitens der MitarbeiterInnen werden deutlich:
- In allen Altersgruppen, Hierarchieebenen und Arbeitszeitformen werden Gesundheitsförderungsprogramme als wichtig erachtet.
- Es besteht der Wunsch nach vermehrter Wertschätzung durch die Führung.
- SchichtarbeiterInnen sehen eine hohe Priorität bei der Unterstützung im Umgang mit Nachtarbeit.
- Die älteren Mitarbeiterinnen wünschen sich eine altersgerechte Einschulung auf neue Technologien.

Das Projektkonzept von BGF stützt sich, wie bereits erwähnt, inhaltlich auf die Ergebnisse der Erhebung der Daten zum Human Work Index.

Eckdaten des Projekts:

Das Projekt ist für eine Dauer von drei Jahren konzipiert. Als Zielgruppe(n) fokussiert das Projekt rund 1800 Mitarbeiterinnen eines Sektors des Konzerns an ausgewählten Standorten.

Die Qualitätskriterien des Projekts lauten:

Partizipation:

Die Beschäftigten sind als direkt Betroffene Expertinnen und Experten. Es sollen verschiedene Zielgruppen (sowohl InnendienstmitarbeiterInnen als auch Beschäftigte im Werk), die allesamt unterschiedlichen Belastungssituationen ausgesetzt sind, in das Projekt eingebunden werden. Weiters soll Rücksicht auf ältere Personen genommen werden, so dass auch sie das Projekt aktiv mitgestalten können und an Veranstaltungen teilnehmen können, auf altersgerechte Didaktik wird Wert gelegt. Das Projekt soll gendersensibel ausgerichtet sein und beide Geschlechter gleichermaßen integrieren. Die Führungskräfte sollen so sensibilisiert und geschult werden, dass sie als „gesunde Führende" ein Vorbild für den Betrieb darstellen.

Ganzheitlichkeit:

Unter diesem Leitbegriff sollen Aktivitäten gesetzt werden, die zur Veränderung des individuellen Verhaltens (verhaltensorientiert) und zur Veränderung von belastenden Arbeitsverhältnissen (verhältnisorientiert) führen.

Maßgeschneiderte und qualitätsgesicherte Unterstützung:

Darunter wird die Ausrichtung an den konkreten Problemen im Betrieb vor Ort verstanden.

Integration innerhalb des Konzerns und überbetrieblich:

Das Projekt soll in den Arbeitsalltag der Beschäftigten, auf unterschiedlichen Ebenen und in die betrieblichen Strukturen und Abläufe integriert werden.

Nachhaltigkeit:

Im Projekt versteht sich das Projektkernteam als fachlicher Inputgeber, als Anreger eines permanenten und nachhaltig wirksamen Veränderungsprozesses, der selbständig weitergeführt werden kann. Konkret bedeutet das: „Betroffene zu Beteiligten" machen, vorhandenen Kompetenzen nutzen und die Selbstständigkeit zu fördern.

Projektmanagement:

Dieses Kriterium beinhaltet eine Bedarfsanalyse, Prioritätensetzung, Planung, Ausführung sowie die kontinuierliche Kontrolle und Bewertung der Ergebnisse.

Vernetzung und Erfahrungsaustausch:
Ein unternehmensübergreifender Erfahrungsaustausch soll durch unterschiedliche Vernetzungsaktivitäten angeregt werden.

Transparenz und Veröffentlichung:
Dies beinhaltet eine frühzeitige und umfassende Information für alle Beteiligten hinsichtlich der Einbindung der MitarbeiterInnen in den Gesundheitsförderungsprozess, sowie eine Offenlegung des Prozessverlaufes mittels Methoden des Marketing und des Projektmanagements.

Als ein *übergeordnetes Primärziel* dieses Gesundheitsprojektes kann folgendes formuliert werden: „Durch das Projekt BGF sollen das Wohlbefinden und die Leistungsfähigkeit aller Generationen in der X1X2 - Belegschaft für die Zukunft gesichert werden":

„BGF ist die langfristige Sicherung und Nutzung des Erfolgspotenzials für den Konzern bei größtmöglicher Zufriedenheit und Gesundheit aller MitarbeiterInnen."

Weitere Unterziele des Projekts BGF:
- eine möglichst hohe Sensibilisierung und Aktivierung aller MitarbeiterInnen für das Gesundheitsprogramm
- die Herstellung einer guten Kommunikation zwischen den MitarbeiterInnen
- eine hohe Identifikation der MitarbeiterInnen mit der EAG
- durch das Projekt die konzernweite Unternehmenskultur zu unterstützen.

Um diese Ziele erreichen zu können, bedarf es folgender Leitlinien:
- umfassendes und ausgewogenes Angebot (Maßnahmen, die verhaltens- als auch verhältnisorientiert wirken sollen)
- einen verstärkten Auftritt im Intranet installieren, der sensibilisiert, motiviert und in welchem über das Projekt laufend informiert wird
- die Herstellung eines gleichen Zugangs zum Projekt für alle MitarbeiterInnen

In der *Vorbereitungsphase* des Projekts BGF wurde eine Kerngruppe initiiert, die für den Projektverlauf, seine Steuerung und die Koordination verantwortlich ist. Die Inhalte wurden mit dem Fördergeber abgestimmt. Um das Projekt zu bewerben, fanden so genannte „Kick-off" Veranstaltungen statt, welche die MitarbeiterInnen von X1X2 über erste Aktionen und Schritte informieren. Nachtschicht - Workshops sollen die MitarbeiterInnen, die im Schichtdienst arbeiten, über Gesundheit am Arbeitsplatz informieren und ihre Belastungssituation thematisieren.

Im Anschluss daran wurden von der Projektsteuerungsgruppe drei Arbeitsgruppen eingerichtet, so genannte „Gesundheitszirkel", die die bisherigen Ergebnisse unter den Schwerpunkten „Ernährung", „Entspannung" und „Bewegung" zusammen führten. Die Beschäftigten wurden in den Informationsverarbeitungsprozess integriert, ihr Wissen wurde aktiv genutzt indem sie Verbesserungsvorschläge für ihre Arbeitsbedingungen einbringen konnten. Auf Basis dieser Ergebnisse brachten die Gesundheitszirkel Maßnahmenvorschläge bei der Steuerungsgruppe ein, die diese Vorschläge in einem Katalog zusammenfasste und an den Projektbeirat, sowie an den Vorstand übermittelt. Danach wurde eine dezentrale Struktur geschaffen, die es ermöglichen sollte, das Projekt in allen Kernbereichen des Konzerns X1X2 zu initiieren und umzusetzen.

In jedem Kernbereich wurde ein/e Gesundheitsbeauftragte/r, ein/e so genannter „BGF-PartnerIn" (BP) eingesetzt. Ihre Nominierung erfolgte einerseits durch die Projektsteuerungsgruppe (sie wählte ihrer Meinung nach geeignete Personen aus) bzw. durch Eigeninitiative und freiwilligem Engagement. Bei der Projektplanung sollten weiters auch die unterschiedlichen Standorte der Gesellschaften berücksichtigt werden.

Die BPs mussten in ihrer Rolle als Gesundheitsbeauftragte nicht zwingend selbst „ExpertInnen" sein, sondern sollten vielmehr als Bindeglied zwischen der Projektkerngruppe rund um den Projektleiter und allen MitarbeiterInnen der betreffenden Unternehmensbereiche fungieren; die BP agieren als PromotorInnen und VermittlerInnen.

Zu den Aufgaben der BPs zählen folgende:
- Kommunikation der Angebote im Gesundheitsförderungsbereich in den Gesellschaften und an den Standorten
- Mitwirkung bei der Erarbeitung neuer Vorschläge und Projektideen
- Unterstützung bei der Projektumsetzung vor Ort.

Mit der Nominierung der BPs wurde ein Zeitraster für den Arbeitsprozess erstellt, welcher festlegte, welche Aufgaben die Projektbeteiligten und die BPs zu welcher Zeit zu erledigen hatten.

Phase	Zeitraum	Vorgehen
1	Mai	**Auswahl** der „BGF-PartnerInnen" (BP) durch die jeweiligen GeschäftsführerInnen
2	Juni	**Fokusgruppengespräche** bei MitarbeiterInnen im Tätigkeitsfeld der BP
3	Juni	1-tägige **Schulung** der BP
4	September	Erstellung einer **„BGF-Landkarte"** der einzelnen Kernbereiche
5	September	**Ankündigung und Institutionalisierung** der BP in den jeweiligen Kernbereichen
6	Sept. bis Oktober	**Vorstellung der Vorgehensweise** bei Führungskräftetreffen in allen Gesellschaften und Bewerben durch das Kernteam
7	Okt. bis Dezember	**Bewerben** der BP durch das Kernteam
8	September	Erstellung der **Unterlagen** für die BP
9	Okt.bis Dezember	**Bedarfsanalyse** durch die BP
10	November	**Interview mit den BP** in Bezug auf Ihre Rolle und ihr Verständnis
11	Nov. bis Dezember	Eventuell **(Einzel)-Coaching bzw. Praxissupervision** für die BP

12	Jänner	**Definition** und **Beschreibung der erarbeiteten Maßnahmen**
13	Februar	**Treffen aller BP**
14	Februar	**Abgleich der Maßnahmen** durch Projektkernteam und mit der jeweiligen Geschäftsleitung
15	März	Entscheidung über **Durchführung und Umsetzung** der Maßnahmen
16	ab Juli bis August	**Evaluierung** der durchgeführten Maßnahmen
17	September	**Rückmeldung** durch die BP in Form eines **Gesundheitsberichtes**

Um die BPs auf ihre zukünftige Aufgabe vorzubereiten und sie einzuschulen, fand ein Startworkshop statt: Den BPs wurden die Anliegen einer BGF näher gebracht, sie wurden über ihre Rolle, ihre Aufgaben und den Arbeitsrahmen informiert. Es wurde über die Projektumsetzung gesprochen und weitere Termine wurden bekannt gegeben.

Die wesentlichen Ergebnisse und Aufgaben aus dem Startworkshop waren folgende:

- Seitens des Projektkernteams sollte eine Erstinformation zum Projekt an alle MitarbeiterInnen und an die Führungskräfte ergehen.

- Für die BPs sollen PowerPoint-Unterlagen bzw. Informationssets bzgl. ihrer Aufgaben und Rollenidentifikation bereitgestellt werden. Außerdem soll dargestellt werden, welchen Nutzen das Projekt für die einzelnen MitarbeiterInnen und für den Konzern hat.

- Ursprünglich geplant waren Fokusgruppendiskussionen, welche die BPs mit einigen MitarbeiterInnen aus ihrem Geschäftsbereich selbst durchführen sollten, um so den Maßnahmenbedarf aufzudecken. Da die meisten BPs aber unzureichende Fachkenntnisse bzgl. Moderationskompetenzen aufwiesen, führten ProjektmitarbeiterInnen diese Diskussionen durch.

- Ein weiteres Ergebnis aus dem Startworkshop war auch die Tatsache, dass einige, speziell ältere MitarbeiterInnen nicht so leicht für das Projekt zu begeistern waren. Deshalb sollte eine zusätzliche Aufgabe der BPs sein, diese MitarbeiterInnen besonders zu motivieren. Sie bekamen auch Rückendeckung vom Kernteam, falls ihnen die Motivationsarbeit selbst schwer fallen würde.

- Es stellte sich auch heraus, dass die MitarbeiterInnen das Projekt als zeitaufwändig betrachteten, sie wollten nicht in ihrer Freizeit an Aktivitäten teilnehmen. Auch die BPs klagten über zu wenige Zeitressourcen. Sie benötigten in der Konzeptionsphase mind. 5 Stunden pro Monat, um sich ernsthaft mit ihren Aufgaben auseinandersetzen zu können.

- Allgemein wäre nach Meinung der MitarbeiterInnen und BPs das Projekt zum Scheitern verurteilt, wenn Informationen zurückgehalten würden, schlechte Vorbereitung erfolgen mit wenig Recherchen erfolgen würden, das Projekt „im Sand verlaufen würde", die BPs als „Wanderprediger" agieren würden oder Versprechen seitens der BPs abgegeben würden, die nicht zu halten wären.

In der Startphase fanden, parallel zur Einberufung der BPs und der Projektplanung an den jeweiligen Standorten „Gesundheitstage" statt, die von einem Sponsor (einer Versicherungsagentur) unterstützt und gefördert wurden. Sie sollten als Startveranstaltungen das Projekt bewerben und an die Öffentlichkeit bringen.

Die MitarbeiterInnen hatten dabei die Möglichkeit, einen Einblick in das Thema Gesundheit zu erlangen, in dem sie an einem bunten Rahmenprogramm teilnahmen. Die Gesundheitstage fanden auf freiwilliger Basis statt, dennoch waren die TeilnehmerInnenzahlen hoch. Die

Partizipation bei den Gesundheitsmessungen (Blutdruck usw.) und der „Aktion gesunde Küche" war sehr gut, die allgemeinen Vorträge aus dem Gesundheitsbereich wurden gut bis mäßig besucht. Als Ergebnisse aus dem nachfolgenden Workshop wurden Wünsche, Vorstellungen und Meinungen zum Projekt abgeleitet:

- Der Bedarf an weiterführendem Angebot ist groß.
- Das Einverständnis und die Identifikation mit dem Projekt seitens der Konzernführung ist hoch.
- Ein verstärktes Einbinden der Führungskräfte ist erforderlich. Auch sie sollen sich aktiv mit dem Projekt auseinandersetzen und engagieren.
- „Weniger ist mehr": In Zukunft sollen Schwerpunkte gesetzt und Maßnahmen gebündelt werden.
- Es sollen gezielte Maßnahmen aus den Testergebnissen abgeleitet werden und für die MitarbeiterInnen aus den jeweiligen Sparten nutzbar gemacht werden.
- Standortorientierte Angebote sollen entwickelt werden (z.B. Schichtbetrieb: eigenes Seminarangebot / Seminarzeiten)
- Ein Infoangebot über richtiges Trainieren soll bereitgestellt werden (Ausdauer, Kräftigung, Koordination)
- Angebote und Maßnahmen zur Stressbewältigung sind notwendig.

Die Fokusgruppengespräche wurden an verschiedenen Standorten durchgeführt. Sie beinhalteten vier Schwerpunkte, zu denen die BPs in Kleingruppen Stellungnahme beziehen können:

- Das Projekt BGF
- Die BGF-Projekt-Partnerschaften (BP-Rolle)
- Wichtige Maßnahmen und Prioritäten
- Stimmungsbarometer

Das Stimmungsbarometer sollte aufzeigen, welchen Gesamteindruck die BPs vom Projekt haben und wie sie es einschätzen.
Die Einzelinterviews der BP wurden mündlich und zum Teil telefonisch durchgeführt; die Feedback-Interviews am Projektende (zu den Themenbereichen Rolle und Selbstverständnis, Projektverlauf und Maß-

nahmeneinschätzung sowie Bilanz zum Plenum) wurden in Kleingruppen abgewickelt; anschließend wurden die verbalen Daten transkribiert und qualitativ inhaltsanalytisch ausgewertet.

3 Methodik und Forschungsdesign

Der erste Teil befasst sich mit der Untersuchungsmethode der Evaluation. Es soll eine Bestimmung des Begriffs durchgeführt und die Voraussetzungen zur erfolgreichen Umsetzung der Evaluation dargestellt werden.

Der zweite Teil gibt einen Überblick über das Forschungsinstrument der Qualitativen Inhaltsanalyse und wie dieses zur Produktion projektrelevanter Daten angewendet werden kann.

Im dritten Teil des Kapitels wird auf die konkrete Umsetzung der theoretischen Vorgaben evaluativer Forschung auf das Projekt BGF eingegangen.

3.1 Evaluation und Evaluationsforschung

„Evaluationsforschung beinhaltet die systematische Anwendung empirischer Forschungs-methoden zur Bewertung des Konzeptes, des Untersuchungsplanes, der Implementierung und der Wirksamkeit sozialer Interventionsprogramme" (Bortz, 2006, S. 96)

Aufbauend auf konkreten Fragestellungen von Entscheidungsträgern, wie Personalverantwortlichen, Budgetplanern usw., werden Evaluationen eingesetzt, wenn andere, zB. ökonomische Bewertungsverfahren, nicht ausreichen. Mit einer Evaluation werden die Betroffenen zu Beteiligten und somit ist ein großer Vorteil gegenüber reinen Effizienzvergleichen gegeben. Trotzdem stößt auch diese Methode im gesamten Untersuchungsverlauf auf die unterschiedlichsten Schwierigkeiten, wenn nicht wesentliche Voraussetzungen, Rahmenbedingungen und Ziele vor Evaluationsbeginn konkretisiert werden.

Evaluationsforschung kann je nach Forschungsgegenstand verschiedene Aufgaben erfüllen. Hinsichtlich der zeitlichen Dimension der Durchführung kann unterschieden werden:

Summative Evaluation und formative Evaluation:
Erstere zielt auf die abschließende Beurteilung von Programmeffekten ab, bei der zweiten werden prozessuale Zusammenhänge von Wirkungen und Programmelementen im Laufe eines bestehenden Programms fest-gestellt. (vgl Bortz, 2006, S.110).
Hinsichtlich der theoretischen Ausrichtung wird unterschieden:

Verhaltenstheoretische Evaluation:
Messung der durch eine Intervention hervorgerufenen Änderung des Verhaltens.

Entscheidungstheoretische Evaluation:
Generierung von Datensätzen, die zur Entscheidungsvorbereitung beitragen sollen.

Handlungstheoretische Evaluation:
Betroffene werden selbst an der Forschungsplanung und Verwertung der Ergebnisse beteiligt.

3.1.1 Generelle Ziele von Evaluation (vgl. Bortz, 2006, S.97):

- *Erkenntnisfunktion:* Traditionsgemäß sollen wissenschaftliche Erkenntnisse über Eigenschaften und Wirkungen von Interventionen gesammelt werden.
- *Optimierungsfunktion:* Identifikation der Stärken und Schwächen im Hinblick auf die Programmziele.
- *Kontrollfunktion:* Ausmaß und Effizienz der intendierten Wirkungen der Maßnahme, sowie positive und negative Nebenwirkungen der Umsetzung, werden beleuchtet.
- *Entscheidungsfunktion:* Herstellung von Grundlagen zur Entscheidung über Förderung, Umsetzung, Weiterentwicklung, Nutzung etc., einer oder unterschiedlicher Interventionen.
- *Legitimationsfunktion:* Die Durchführung und Ergebnisse der Evaluation tragen dazu bei, die Entwicklung und Durchführung von Interventionen nach innen und außen zu legitimieren und Rechenschaft über die Verwendung von Geldmittel abzulegen.

3.1.2 Bedingungen für Evaluationsprojekte:

Schon bei der Planung von Evaluation müssen historische und psychologische Bedingungen, für alle an der Evaluation Beteiligten, akzeptabel sein. Dem Rechnung tragend sollen hier Geschichte, psychologische Voraussetzungen und formale Kriterien für Evaluation vorgestellt werden:

Geschichtliche Entwicklung der Evaluation

Für die Idee einer empirischen, sozialwissenschaftlich gestützten Evaluation wurden erst im Laufe einer langen geistesgeschichtlichen Entwicklung die erforderlichen Grundlagen geschaffen.

In der Urgesellschaft gab es erste Evaluationsversuche technischer Art durch die Berücksichtigung empirisch erworbener Kenntnisse über Materialeigenschaften (hart, biegsam), bei der Herstellung von Gerätschaften und Waffen. Später Umsetzung von anerkannten biologischen Gesetzmäßigkeiten im Ackerbau und Viehzucht. Bereits in der Urgesellschaft entstand die erste gesellschaftliche Arbeitsteilung (Ackerbau – Viehzüchter), überlagert auf Grund der früheren Arbeitsteilung nach Alter und Geschlecht.

Bereits Aristoteles fordert empirische Nutzenbestimmung zur Bewertung gesellschaftlicher relevanter Maßnahmen, insbesondere zur Überprüfung von Staatsformen. Damit wird die Gesellschaft zu einer auf Evaluationsbasis aufbauenden Optimierungsaufgabe. Es bleibt zunächst aber bei der theoretischen Forderung in Griechenland. Hingegen kann bei den Römern die Anwendung der Optimierungsidee von Aristoteles gedeutet werden, denn bei den Römern herrscht in Krisenzeiten ein erfahrungsbedingter Wechsel zwischen Demokratie und Diktatur.

Die Nutzenüberlegungen aus der Antike werden im europäischen Mittelalter beibehalten, ohne Umsetzung theoretischer Forderungen. Im Mittelalter gilt generell die Handlungsorientierung auf einem religiös fundierten Gut/Böse Prinzip und die empirische Überprüfung des Nutzens einer Sache oder Maßnahme wird in den Hintergrund gedrängt. Dies bedingt auch eine erhebliche Innovationsschwäche und auch die Unterbrechung der in der Antike begonnenen empirischen Wissenschaftsansätze.

In der Renaissance gab es weit reichende geistige Umwälzungen. Es herrscht hohes Interesse an neuen geographischen Entdeckungen, bedingt durch die Unterbrechung der Handelswege nach Asien durch die Osmanen. (Vasco da Gama – Weltumseglung, Christoph Kolumbus – Entdeckung von Amerika). Eine Vielzahl neuer wissenschaftlicher Erkenntnisse, wie geozentrisches Weltbild (Kopernikus/Galilei – die Welt ist eine Kugel), in der Mechanik (Leonardo da Vinci), in der Medizin, im Bergbau, in der Botanik und auch in der Zoologie prägen die Zeit. Der starke Aufschwung der empirischen Wissenschaft wird mit Innovations- und Evaluationsversuchen in den verschiedensten Gebieten praktiziert. Dies geschieht durch überlieferte Traditionen und Erfahrungen über Schriften.

Der enorme Aufschwung der Naturwissenschaften im 17. Jahrhundert bringt eine gezielte nutzenorientierte Veränderung der technischen und ökonomischen Entwicklung im Manufakturzeitalter mit sich. In der Philosophie breitet sich mit dem Utilitarismus eine Denkweise aus, die versucht, allgemein verbindliche Normen mit wissenschaftlichen Mitteln (also evaluationsgestützt) zu begründen. In der utilitaristischen Ethik liegt eine wesentliche geistige Wurzel der modernen Evaluation. J. Bentham und J.S. Mill, beide lebten im 18. bzw. 19. Jh., interessierten sich sehr für den Utilitarismus. Gerade Bentham versucht, Ethik und Politik, Gesetzgebung und Verwaltung zu einer empirischen verifizierbaren und rational kalkulierbaren Wissenschaft zu machen.

Mitte des 18. Jahrhunderts entwickelten sich auf der Grundlage technischer Innovationen das Fabriksystem und damit die kapitalistische Produktionsweise. In dieser Epoche wurden zum Beispiel Werkzeugmaschinen/Dampfmaschinen erfunden. Die empirischen Wissenschaften wurden immer zielgerichteter, nutzenorientiert zur Lösung gesellschaftlicher Probleme eingesetzt (soziale Evaluation). Auf dieser Grundlage erschließt sich die bürgerliche Gesellschaftsordnung und die Durchsetzung demokratischer Staatsformen.

Im 20. Jahrhundert findet eine explosionsartige Vermehrung des Wissens in den empirischen Wissenschaften statt. Es beginnt ein allmählicher Aufbau von   eigenständigen, empirischen Gesellschaftswissenschaften – wie Soziologie und Ökonomie. Die Entwicklung spezifischer Evaluationsforschung ist nahezu in allen gesellschaftlichen Bereichen wie Bildung, Wirtschaft, Politik und Verwaltung, Umwelt, Gesundheit, Wohnungsbau und Militär zu beobachten.

Anhand dieser Entwicklung von Evaluation dürfte es der entscheidende Schritt gewesen sein, dass dem Menschen bewusst wurde, dass soziales und ökonomisches Handeln unter Kontroll- und Optimierungsaspekten selbst rational gestaltbar ist. Die dominierenden Steuerungsformen gesellschaftlicher Systeme sind nicht nur für die Vergangenheit relevant, sondern prägen auch die Durchführungsbedingungen aktueller Evaluationsprojekte.

Psychologische Rahmenbedingungen für Evaluation:
Der erste Schritt für eine Evaluierung ist für eine breite Akzeptanz, gegenüber dem Projekt, zu sorgen. Nur wenn dies gegeben ist, kann eine sinnvolle Evaluation zur Umsetzung der gesteckten Ziele beitragen und diese Problemlösungen unterstützen. Daher wenden wir uns zuerst dem Überblick über die möglichen Schwierigkeiten zu.

Es gibt die unterschiedlichsten psychologischen Voraussetzungen, beginnen wir mit der Akzeptanz der Veränderbarkeit und der Wichtigkeit, dass betroffene Personen davon überzeugt sind, dass es einen Bedarf für die Veränderung gibt. Es muss einem bewusst sein, dass dies einen zum Teil massiven Einschnitt in die Gewohnheiten der Betroffen darstellt und man somit eher mit Gegenwehr als mit erfreuter Mitarbeit zu rechnen hat. Damit ist eine Aufgabe von Gewohnheiten, von eingespielten Autoritäten und einem Loslösen von angeeignetem Verhalten gemeint. Somit ist für alle gleich ersichtlich, mit welchem Widerstand jemand wohl an die Sache gehen wird. Diese Verhaltensmuster sind lange durch die unterschiedlichsten Lernmechanismen verinnerlicht worden und es ist nicht leicht, Selbstverständlichkeiten in Frage zu stellen. Jede/r kann für sich selbst überprüfen, wie schwer die Einsicht bzgl. eines Bedarfs an Veränderung bei seinem Routineverhalten ist. Zum Beispiel wurde eine Endhaltestelle des Busses, den eine Person täglich in der Früh um 08.00 Uhr benützt, verlegt und dadurch hat sich dessen Weg in die Arbeit um 5 Minuten verlängert. Obwohl diese Veränderung nun schon ein Jahr zurückliegt, kann die Person die Entscheidung darüber jeden Tag aufs Neue diskutieren – der Fahrgast hat einfach nicht verstanden, warum die neue Endhaltestelle besser ist. Daran kann man erkennen, wie wichtig die Information über die Entwicklung für evaluationsgestützter Optimierung für die Beteiligten/Betroffenen ist. Erst wenn verstanden wurde, warum Veränderungen möglich bzw. nötig sind, werden Personen hinter diesen Projekten stehen und diese auch verantwortungsvoll mittragen. Um bei unserem Beispiel mit der Bushaltestelle zu bleiben: Der Fahrgast hat die neue Bushaltestelle erst akzeptiert, als ihm durch Gespräche mit dem/der Buschauffeur/in bewusst wurde, dass dieser dadurch eine Pause auf seinem Rundkurs bekommen hat. Dadurch ist der Chauffeur, die Chauffeurin weniger gestresst und der Fahrgast kann eine viel sicherere Fahrt genießen.

Damit kommen wir auch gleich zu der zweiten psychologischen Voraussetzung für das Gelingen eines Evaluationsprozesses. Betroffene Personen müssen den Erfolg als erreichbar einschätzen und das dafür in Kauf zu nehmende Risiko, muss als vergleichsweise klein einzustufen sein. Man muss beachten, dass alle festgefahrenen Prozesse/Verhaltensmuster eine Situation oder den Alltag durchschaubar und somit auch berechenbar machen. Auf Grund dessen wird verständlich, dass eine Veränderung der Situation nicht gleich als Verbesserung bei den Betroffenen wahrgenommen wird. Es wurde in der Vergangenheit ja auch nach allen Regeln der Lerntheorien, man denke nur an Lernen am Erfolg, Lernen durch Wiederholung usw. eine „heile Welt" konstruiert. Ein weiterer Grund für das Beibehalten von festgefahrenen Verhaltensmustern ist darin zu erkennen, dass wenige Menschen Verantwortung übernehmen möchten. Durch das ständige Wiederholen von scheinbar bewährten Mustern kann ein Misserfolg viel leichter auf die äußeren Umstände abgewälzt werden. Da man ja alles „wie immer" gemacht hat, muss der Fehler wo anders, also nicht bei der eigenen Person, oder dem eigenen Verhalten liegen.

Für eine sinnvolle Evaluation ist es auch notwendig, dass EntscheidungsträgerInnen Fakten akzeptieren können. Gerade wenn Innovationen einen „scheinbar besseren" Zustand bringen sollen, werden aufgezeigte Fakten gerne übergangen. Wenn man davon überzeugt ist, dass ein bestimmter Zustand erreicht werden soll, sind EntscheidungsträgerInnen widersprechenden Fakten gegenüber nicht gerade aufgeschlossen. Wenn der vorherrschenden Ideologie widersprochen werden soll, muss man sich auf massive Gegenwehr einstellen. Unliebsame Berichte werden lieber „abgelegt" und bekanntes Fehlverhalten wird beibehalten, wenn es sonst zu einem Eingeständnis von Schwächen an der herrschenden Ideologie kommen würde.

<u>Rahmenbedingungen hinsichtlich der Umsetzung</u>
Gemäß der Deutschen Gesellschaft für Evaluation (DeGEval) haben Evaluationen vier grundlegende Eigenschaften aufzuweisen. Diesen wurden von der DeGEval zahlreiche Einzelstandards zugeordnet und sollen hier nur im Wesentlichen angeführt werden:
Nützlichkeit: „Die Nützlichkeitsstandards sollen sicherstellen, dass sich eine Evaluation an den Informationsbedürfnissen der vorgesehenen Evaluationsnutzer ausrichtet" (Bortz, 2006, S.104).
Durchführbarkeit: „Die Durchführbarkeitsstandards sollen sicherstellen, dass eine Evaluation realistisch gut durchdacht, diplomatisch und kostenbewusst ausgeführt wird" (Bortz, 2006, S.105).
Korrektheit: „Die Korrektheitsstandards sollen sicherstellen, dass eine Evaluation rechtlich und ethisch korrekt durchgeführt wird und dem Wohlergehen der in der Evaluation einbezogenen und auch der durch die Ergebnisse betroffenen Personen gebührende Aufmerksamkeit widmet" (Bortz, 2006, S.105).
Genauigkeit: „Die Genauigkeitsstandards sollen sicherstellen, dass eine Evaluation über die Güte und/oder die Verwendbarkeit des evaluierten Programms fachlich angemessene Informationen hervorbringt und vermittelt" (Bortz, 2006, S.105).
Im Zuge der Evaluationsforschung können je nach Aufgabenstellung verschiedene Instrumentarien der Datengewinnung Anwendung finden. Entsprechend den Erfordernissen des Projektes BGFstellt die qualitative Inhaltsanalyse die adäquate Methode zur Gewinnung entscheidungsrelevanter Daten dar.

3.2 Qualitative Sozialforschung

3.2.1 Ziele qualitativer Sozialforschung

Qualitative Sozialforschung hat ihren Ausgangspunkt im Versuch eines vorrangig deutenden und sinnverstehenden Zugangs zu der interaktiv hergestellt und in sprachlichen, sowie nicht-sprachlichen Symbolen repräsentiert gedachten sozialen Wirklichkeit. Sie beabsichtigt dabei ein möglichst detailliertes und vollständiges Bild der zu erschließenden Wirklichkeitsausschnitte zu liefern. „Die bewusste Wahrnehmung und Einbeziehung des Forschers und der Kommunikation mit dem ‚Beforschten' wird als konstitutives Element des Erkenntnisprozesses gesehen" (vgl. Kruse, 2007, S. 9).

3.2.2 Leitprinzipien qualitativer Forschung

- Analysegegenstand ist versprachlichte Wirklichkeit, also Muster subjektiven Sinns, mit dem Erfahrungen Plausibilität verliehen wird.
- Erkenntnisprinzip ist Verstehen bzw. Fremdverstehen.
- Erhebungsverfahren sind kommunikative Verfahren (Interview als eine Realität sui generis, das nicht Daten abbildet, sondern den Gegenstand selbst erst interaktiv herstellt).
- Es gelten das Prinzip der Offenheit und das Prinzip der Kommunikation.
- Es gelten das Prinzip der Verlangsamung und das Prinzip der Selbstüberraschung.
- Es gilt das Prinzip der Kontrolle methodischen Fremdverstehens, das bedeutet regelgeleitete und systematische Verfahrensweisen, das Prinzip der Prozessualität und das Prinzip der (Selbst-) Reflektivität, sowie das Prinzip der Transparenz und Dokumentation (Kruse, 2007, S. 10).

Qualitative Forschung will komplexe soziale Sachverhalte verstehen, versucht subjektive Deutungsmuster zu rekonstruieren, hält das eigene Vorverständnis möglichst weit und lange zurück und versteht Deutungen und subjektive Sichtweisen (vgl. Kruse, 2007 S.11). Offenes qualitatives Verfahren meint nun im Gegensatz zur quantitativen Forschung, die mit standardisierten geschlossenen Fragen arbeitet, dass die Daten der qualitativen Erhebung aus systematisch qualitativ orientierten Text bestehen und die Antwortmöglichkeiten somit unbegrenzt sein können (vgl. Kruse, 2007, S.11). Das Material wird dabei immer in seinem Kommunikationszusammenhang verstanden. Der Text wird somit innerhalb seines Kontextes interpretiert und das Material auf seine Entstehung und Wirkung hin untersucht. (vgl. Mayring, 20007, S. 42)

3.2.3 Das Problem des Fremdverstehens

Das Erkenntnisprinzip rekonstruktiver Sozialforschung, das heißt aller qualitativer Verfahren, ist die Hermeneutik. Das Erkenntnisprinzip rekonstruktiver Verfahren ist das Verstehen. Doch was bedeutet „verstehen"? Und was unterscheidet das alltägliche Verstehen von dem Verstehen rekonstruktiver Sozialforschung?

Hitzler definiert Verstehen als „jenen Vorgang (...), der seiner Erfahrung Sinn verleiht." Verstehen ist also ein sowohl kognitiver, als auch emotionaler Prozess der Bedeutungsverleihung, also der Sinnkonstruktion. Sinnkonstruktion meint dabei die Verleihung subjektiv gemeinten Sinns (zit. nach Kruse, 2007, S.12).

Der Prozess des Verstehens, das heißt der Bedeutungsverleihung zur Herstellung subjektiv gemeinten Sinns, impliziert zahlreich vorangegangene Verhaltensleistungen, die gerade auch durch andere vollzogen worden sind. Die Zuschreibung von Sinn bezieht sich dann auf eine soziale Wirklichkeit, also auf eine bereits durch andere mit Sinn zugeschriebene Wirklichkeit. Dadurch wird Verstehen im Prinzip stets ein Fremdverstehen (vgl. Kruse, 2007, S. 13).

Das hermeneutisch-wissenschaftliche Verstehen unterscheidet sich vom alltäglichen Verstehen dadurch, dass die Verstehensprozesse methodisch kontrolliert sein müssen (Kontrolle des methodischen Fremdverstehens), um intersubjektiv nachvollziehbar zu sein. Hierfür müssen methodische Verfahrensregeln formuliert und eingehalten werden. Nun werden, anders als in den alltäglichen Verstehensprozessen, die dortigen impliziten Klärungsprozesse über den Erfolg des Fremdverstehens systematisch kontrolliert und explizit gemacht und zudem einem Prozess der Entschleunigung unterzogen, d.h. es wird explizit und in methodisch verordneter Muße darüber reflektiert, ob das Fremdverstandene wirklich so verstanden worden ist, wie es verstanden werden sollte (vgl. Kruse, 2007, S.19).

3.2.4 Techniken qualitativer Inhaltsanalyse

Die Methodik zielt darauf ab, eine systematische Interpretation zu entwickeln, die sich durch Analyseschritte und Analyseregeln überprüfbar macht. Systematisches, regelgeleitetes Vorgehen orientiert sich vorab an festgelegten Regeln der Textanalyse.

Kategorien im Zentrum der Analyse

Das Kategoriensystem stellt das zentrale Instrument und Ziel der Analyse dar. Dadurch soll die Intersubjektivität gewährleistet sein.

Gegenstandsbezug statt Technik

Die drei Grundverfahren der Inhaltsanalyse sind Zusammenfassung, Explikation und Strukturierung. Bei der Explikation ist das Ziel der Analyse zu einzelnen fraglichen Textteilen zusätzliches Material heranzutragen, wodurch das Verständnis der einzelnen Textstellen besser erschlossen werden kann. Bei der Explikation wird unterschieden zwischen der engen und weiten Kontextanalyse. Anhand der Strukturierung sollen bestimmte Aspekte aus dem Material unter vorher festgelegten Ordnungskriterien herausgefiltert werden. Strukturierung kann in ihrer Anwendung noch weiter differenziert werden. Mögliche Untergruppen der Strukturierung können sein: formale, inhaltliche, typisierende und skalierende Strukturierung (vgl. Mayring, 2007, S. 58).

Eine weitere Grundform des Interpretierens ist die Zusammenfassung. Ziel dieser Analyse ist es, dass Material so zu reduzieren, dass die wesentlichen Inhalte erhalten bleiben und damit immer noch ein Abbild des Grundmaterials gegeben ist. Grundprinzip einer umfassenden Inhaltsanalyse ist, dass die jeweilige Abstraktionsebene der Zusammenfassung genau festgelegt wird, um auf dieser Ebene nun schrittweise verallgemeinern zu können.

3.2.5 Ablaufmodell der Inhaltsanalyse

Hierbei geht es darum, die spezielle(n) Analysetechnik(en) festzulegen und ein Ablaufmodell der Analyse aufzustellen. Eben darin besteht die Stärke der qualitativen Inhaltsanalyse gegenüber anderen Interpretationsverfahren. Die Analyse wird in einzelne Interpretationsschritte zerlegt, die vorher festgelegt werden. Dadurch wird sie für andere nachvollziehbar und intersubjektiv überprüfbar. Dadurch wird sie übertragbar auf andere Gegenstände, für andere benutzbar, wird sie zur wissenschaftlichen Methode.

Das Ablaufmodell der Analyse muss zwar im konkreten Fall an das jeweilige Material und die jeweilige Fragestellung angepasst werden, es lässt sich jedoch ein allgemeines Modell zur Orientierung aufstellen. Um die Präzision der Inhaltsanalyse zu erhöhen werden zunächst Analyseeinheiten festgelegt:

- Die Kodiereinheit legt fest, welches der kleinste Materialbestandteil ist der ausgewertet werden darf, was der minimale Textteil ist, der unter eine Kategorie fallen kann.

- Die Kontexteinheit legt den größten Textbestandteil fest, der unter eine Kategorie fallen kann.

- Die Auswertungseinheit legt fest, welche Textteile jeweils nacheinander ausgewertet werden.

Vor allem für quantitative Analyseschritte ist die Definition dieser Einheiten wichtig. Die speziellen Techniken sind wiederum in einzelne Analyseschritte untergliedert. Im Zentrum steht dabei immer die Entwicklung eines Kategoriensystems.

Diese Kategorien werden in einem Wechselverhältnis zwischen der Theorie (der Fragestellung) und dem konkreten Material entwickelt, durch Konstruktions- und Zuordnungsregeln definiert und während der Analyse überarbeitet und rücküberprüft.

In die einzelnen Techniken können auch quantitative Analyseschritte eingebaut werden. Schließlich werden die Ergebnisse in Richtung der Hauptfragestellung interpretiert und die Aussagekraft der Analyse anhand der inhaltsanalytischen Gütekriterien eingeschätzt.

Daraus ergibt sich nun folgendes **allgemeines Ablaufmodell:**
(vgl. Mayring, 2007, S. 53 – 54)

- Festlegung des Materials
- Analyse der Entstehungssituation
- Formale Charakteristika des Materials
- Richtung der Analyse
- Theoretische Differenzierung der Fragestellung
- Bestimmung der Analysetechnik(en) und Festlegung des konkreten Ablaufmodells
- Definition der Analyseeinheiten
- Analyseschritte mittels des Kategoriensystems: Zusammenfassung, Explikation, Strukturierung:
- Rücküberprüfung des Kategoriensystems an Theorie und Material
- Interpretation der Ergebnisse in Richtung der Hauptfragestellung
- Anwendung der inhaltsanalytischen Gütekriterien

Spezielle qualitative Techniken

Ziel ist es, Techniken qualitativer Inhaltsanalysen als grundsätzliche Vorgehensweisen systematischen, das heißt theoriegeleiteten und regelgeleiteten Textverstehens und Textinterpretierens zu beschreiben. Der Ansatzpunkt dazu soll sein, bisherige Arten des alltäglichen wie auch wissenschaftlichen Umganges mit Texten auf ihre Grundstruktur hin zu überprüfen. Gerade dies wird ja von quantitativen Techniken vernachlässigt, indem sie fertige Prozeduren auf das Material anwenden, ohne deren implizite Vorannahmen zu überprüfen. So muss hier auch der Ansatzpunkt qualitativer Inhaltsanalysen sein.

Grundformen des Interpretierens

Begonnen wird mit den Techniken, die hier bisher beschrieben worden sind. Es soll jeweils herausgestellt werden, was mit dem Material durch die Analyse geschieht, was die Leistung der Interpretation ist. Diese Charakterisierungen der Interpretationsart sollen dann in grundlegende Interpretationsvorgänge klassifiziert werden. Aus den Charakterisierungen des Interpretationsvorganges, aber auch aus Überlegungen über den alltäglichen Umgang mit sprachlichem Material, sind dabei drei Grundformen des Interpretierens differenzierbar: Zusammenfassung, Explikation und Strukturierung. Allgemein beschrieben lässt es sich wie folgt differenzieren:

Zusammenfassende Analyse
Bei der Entwicklung einzelner Analyseschritte der Zusammenfassung kann man sich am stärksten auf Vorarbeiten stützen. Die Psychologie der Textverarbeitung hat genau beschrieben, wie Zusammenfassungen im Alltag normalerweise ablaufen. Zentral dabei war die Differenzierung einer aufsteigenden (textgeleiteten) und einer absteigenden (schemageleiteten) Verarbeitung, sowie das Formulieren von Makrooperatoren der Reduktion (Auslassen, Generalisation, Konstruktion, Integration, Selektion, Bündelung).
Grundprinzip einer zusammenfassenden Inhaltsanalyse ist, die jeweiligen Abstraktionsebenen der Zusammenfassung genau festzulegen, um auf diesen Ebenen schrittweise verallgemeinern zu können. Dadurch wird die Zusammenfassung immer abstrakter. (Mayring, 2007, S. 59)
Das **Ablaufmodell einer zusammenfassenden Inhaltsanalyse** sieht folgendermaßen aus:

- Schritt: Bestimmung der Analyseeinheit
- Schritt: Paraphrasierung der inhaltstragenden Textstellen
- Schritt: Bestimmung des angestrebten Abstraktionsniveaus. Generalisierung der Paraphrasen unter diesem Abstraktionsniveau
- Schritt: 1. Reduktion durch Selektion, Streichen bedeutungsgleicher Paraphrasen
- Schritt: 2. Reduktion durch Bündelung, Konstruktion, Integration von Paraphrasen auf dem angestrebten Abstraktionsniveau
- Schritt: Zusammenstellung der neuen Aussagen als Kategoriensystem
- Schritt: Rücküberprüfung des zusammenfassenden Kategoriensystems am Ausgangsmaterial (Mayring, 2007, S.60)

Nachdem in den ersten Schritten der Analyse das Material genau beschrieben wurde und durch die Fragestellung festgelegt wurde, was zusammengefasst werden soll, müssen also die Analyseeinheiten bestimmt werden. Die einzelnen Kodiereinheiten werden nun in eine knappe, nur auf den Inhalt beschränkte, beschreibende Form umgeschrieben (Paraphrasierung). Dabei werden bereits nicht- inhaltstragende (ausschmückende) Textbestandteile fallengelassen. Die Paraphrasen sollen auf einer einheitlichen Sprachebene formuliert sein, was vor allem bei mehreren Sprechern (z.B. Gruppendiskussion) wichtig ist. Schließlich sollen sie in einer grammatikalischen Kurzform stehen (z.B. ...). Handelt es sich um überschaubare Materialmengen, so werden diese Paraphrasen herausgeschrieben; wäre das zu aufwendig, so werden die nächsten beiden Analyseschritte gleich mit vollzogen.

Im nächsten Schritt wird das Abstraktionsniveau der ersten Reduktion aufgrund des vorliegenden Materials bestimmt. Alle Paraphrasen, die unter dem Niveau liegen müssen nun verallgemeinert werden (Makrooperator Generalisation). An dieser Stelle, wie auch bei den weiteren Reduktionsschritten, müssen bei Zweifelsfällen theoretische Vorannahmen zu Hilfe genommen werden. Paraphrasen, die über dem Abstraktionsniveau liegen, werden zunächst belassen. Dadurch entstehen einige inhaltsgleiche Paraphrasen, die nun gestrichen werden können. Ebenso können unwichtige und nichtssagende Paraphrasen weggelassen werden (Makrooperatoren Auslassen und Selektion). In einem zweiten Reduzierungsschritt werden nun mehrere, sich aufeinander beziehende und oft über das Material verstreute Paraphrasen zusammengefasst und durch eine neue Aussage wiedergegeben (Makrooperatoren Bündelung, Konstruktion, Integration).

Am Ende dieser Reduktionsphase muss genau überprüft werden, ob die als Kategoriensystem zusammengestellten neuen Aussagen das Ausgangsmaterial noch repräsentieren. Alle ursprünglichen Paraphrasen des ersten Materialdurchganges müssen im Kategoriensystem aufgehen. Noch gründlicher ist natürlich eine Rücküberprüfung der Zusammenfassung am Ausgangsmaterial selbst. Damit ist der erste Durchlauf der Zusammenfassung abgeschlossen. Oft jedoch ist eine

weitere Zusammenfassung von Nöten. Sie ist ganz einfach zu erreichen, indem das Abstraktionsniveau nun auf einer noch höheren Ebene festgelegt wird und die nachlaufenden Interpretationsschritte neu
durchlaufen werden. Dieser Kreisprozess kann so lange durchlaufen
werden, bis das Ergebnis der angestrebten Reduzierung des Materials
entspricht.

Bei großen Materialmengen ist es oft nicht mehr möglich, alle inhaltstragenden Textstellen zu paraphrasieren. Hier könne mehrere Analyseschritte zusammengefasst werden. Die Textstellen werden gleich auf
das angestrebte Abstraktionsniveau transformiert. Vor dem Heraus-
schreiben jeder neuen generalisierten Paraphrase wird überprüft, ob
sie nicht schon in den bisherigen enthalten ist, ob sie nicht mit anderen generalisierten Paraphrasen in Bezug steht, so dass sie bündelbar,
konstruierbar, integrierbar zu einer neuen Aussage ist. Aus dieser Be-
schreibung des Modells und durch eine genauere Schilderungen der
Makrooperatoren lassen sich nun Interpretationsregeln der zusammenfassenden Inhaltsanalyse aufstellen (vgl. Mayring, 2007, S. 61).

Induktive Kategorienbildung
Grundsätzlich wird unterschieden zwischen **deduktiver und induktiver
Kategorienbildung**. Bei der deduktiven Kategorienbildung bestimmen
theoretische Vorüberlegungen die Definition der Kategorien. Indukti-
ves Kategorienbildung leitet die Kategorien direkt aus dem Material ab
(Verallgemeinerungsprozess).

Es wird eine möglichst naturalistische, gegenstandsnahe Abbildung
des Materials ohne Verzerrungen durch Vorannahmen des/r Forsche-
rIn angestrebt. Nach Festlegung des Abstraktionsniveaus wird das
Material Zeile für Zeile durchgearbeitet. Die erste Kategorie wird als
Begriff oder Kurzsatz formuliert. Wenn das nächste Mal das Selekti-
onskriterium erfüllt ist, wird geprüft, ob die Textstelle unter eine bereits gebildete Kategorie fällt. Wenn ein großer Teil des Materials
durchgearbeitet ist, wird das Kategoriensystem revidiert. Es wird geprüft, ob die Kategorie dem Ziel der Analyse entspricht. (vgl. Mayring,
2007, S.74ff)

3.3   Methodisches Forschungsdesign des Projekts BGF

Forschungsgegenstand ist die betriebliche Gesundheitsförderung; es soll untersucht werden, ob die implementierten Maßnahmen zielführend sind. Des Weiteren muss berücksichtigt werden, dass auch das Ziel laufend zu überprüfen und gegebenenfalls neu zu definieren ist (Modellentwicklung). Für diese Aufgabenstellung wurde die Evaluation (siehe Kapitel 3.1.) als geeignete Forschungsmethode gewählt. Die Evaluation umfasst eine spezielle Gruppe von Fragestellungen und soll Maßnahmen oder Interventionen bewerten. Im Falle X1X2 wurde zunächst das Projekt BGF genauer betrachtet und eine gezielte Fragestellung ausgearbeitet. Voraussetzung einer Evaluationsforschung ist die präzise Definition von Erfolgskriterien für das Projekt BGF und eine konkrete Aufgabenstellung für unsere Evaluation.

Zu Beginn unserer Evaluation, die gemäß der praxisorientierten Evaluation auf die Verbesserung des Ist-Zustandes abzielt (vgl. HWB Psychologie, 2002, S. 759), sollte sichergestellt werden, dass das Projekt BGF die gesteckten Ziele erreicht. Evaluationsforschung beinhaltet die systematische Anwendung empirischer Forschungsmethoden zur Bewertung des Konzeptes, des Untersuchungsplanes, der Implementierung und der Wirksamkeit des Projektes BGF. Zu bewerten war der Erfolg von gezielt eingesetzten Maßnahmen, um konkrete Wirkungen durch das Projekt BGF aufzuzeigen. Merkmale und Ziele des Projektes wurden konkretisiert und dadurch messbar gemacht. Mit den verhaltenstheoretisch orientierten Konzepten wird versucht, die durch eine Intervention hervorgerufenen Verhaltensänderungen zu messen (vgl. HWB Psychologie, 2002, S. 760). Es wurde darauf geachtet, dass nicht nur eine wohlwollende deskriptive Studie erstellt wird. Dies wurde durch eine systematische Auswertung und einem detaillierten Ausblick zur internen Verwendung und Planung erreicht. Die Evaluationsforschung beim Projekt BGF orientierte sich an den methodischen Standards der empirischen Grundlagenforschung. Es wurde darauf geachtet, dass keine Vorselektierungen und keine Unterdrückungen von Informationen erfolgen. Aufgrund unserer formativen Evaluation waren wir in der Lage, regelmäßig Zwischenergebnisse zu erstellen. Das Ziel dabei war eine laufende Projektmodifizierung und –verbesserung. Durch Ausschluss eines Symmetrie-Effektes wurde ein Gelingen der Evaluation des Projektes BGF sichergestellt. Es wurden keine irrelevanten Ziele der Maßnahmen erhoben und einer Einseitigkeit der Evaluation entgegengewirkt. Dies wurde durch Beachten der Evaluations-Standards gesichert. Im Folgenden werden zwei für das Projekt wesentliche Methoden zur Datengewinnung vorgestellt: Fokusgruppendiskussion und Leitfadeninterview.

3.3.1 Fokusgruppendiskussionen

"A focus group can be defined as a carefully planned discussion designed to obtain perceptions on a defined area of interest in a permissive, nonthreatening environment. It is conducted with approximately seven to ten people by a skilled interviewer. The discussion is relaxed, comfortable, and often enjoyable for participants as they share their ideas and perceptions. Group members influence others by responding to ideas and comments in the discussion." (Krueger, 1988, S.18)

Fokusgruppeninterviews bieten die Möglichkeit, anhand von intensiven Gruppendiskussionen Informationen zu sammeln. Durch die Gruppendynamik und die Interaktion in der Gruppe werden weit mehr Informationen vermittelt, als zunächst erfragt werden.
Es handelt sich dabei um eine qualitative Forschungsmethode, die selbständig, oder in Kombination mit anderen angewendet werden kann. Fokusgruppeninterviews sind im Gegensatz zu umfangreichen Fragebogenaktionen eine kostengünstige und schnelle Methode.

Kennzeichen einer Fokus-Gruppendiskussion
Fokus-Gruppen setzen sich in der Regel aus 6 – 12 TeilnehmerInnen zusammen, die aufgrund eines verbindenden Ereignisses, oder nur durch die kollektive Abarbeitung eines speziellen Fragekatalogs ein bestimmtes Thema unter Laborbedingungen diskutieren. Zweck der Diskussion ist, möglichst verschiedene Ansichten betreffend der Fra-

gestellung(en) zu erhalten. Die Fragen sollten auch die TeilnehmerInnen inspirieren, die unterschiedlichen Aspekte des Themas zu beleuchten und in Worte zu fassen. Laut Robert K. Merton liegt der Schwerpunkt von Fokus-Gruppeninterviews in der Überprüfung von bereits im Vorfeld analytisch erarbeiteten Hypothesen und in der Hypothesengenerierung. Merton nennt folgende vier Kriterien für das fokussierte Interview (vgl. Merton / Kendall, 1979)

- Die interviewten Personen haben an einer spezifischen Situation partizipiert.
- Diese Situation wurde von den Forschenden bereits im Hinblick auf die Generierung von Forschungshypothesen ausgewertet.
- Die gewonnenen Hypothesen bilden die Grundlage für die Ausformulierung eines Interviewleitfadens, der mit offenen Fragen die wichtigsten Themengebiete des Gruppengesprächs abdecken sollte.
- Die Antworten der DiskussionsteilnehmerInnen geben nicht nur Aufschluss darüber, wie sie die (voranalysierte) Situation definieren, sondern sie bilden zugleich die empirische Basis für die Verifikation oder Falsifikation der Forschungshypothesen. Darüber hinaus liefern sie das Material für die Bildung weitergehender oder neuer Hypothesen."

„Wenn man so will, handelt es sich bei der fokussierten Befragung um eine Kombination von unentdeckter Beobachtung und qualitativem Interview." (Lamnek, 1989, S. 78) Grundgedanke der Fokusgruppendiskussionen ist die Nutzung der durch den Gesprächsfluss entstehenden gruppendynamischen Effekte. Es wird davon ausgegangen, dass die TeilnehmerInnen in einer Gruppe deutlich engagierter und ehrlicher Ihre Sichtweise erläutern, als in Einzelinterviews, da sie diese gegebenenfalls auch verteidigen müssen. Hierbei sollte jedoch auch die hemmende Wirkung einer Gruppe durch MeinungsführerInnen usw. beachtet werden, welche dem Ausdruck individueller Meinung sehr hinderlich sein kann.

Hauptaufgabe des/der ModeratorIn der Diskussion ist die Regulierung von aufkommenden Spannungen und Auseinandersetzungen. Zusätzlich sollte der/die ModeratorIn für ein angenehmes Gesprächsklima sorgen, um so eine breite Beteiligung der TeilnehmerInnen zu gewährleisten. Aufgrund der Anforderungen wird meist auf eine/n erfahrene/n ModeratorIn zurückgegriffen, der/die bereits an der Entwicklung der Gruppendiskussion beteiligt war und somit schon über das nötige Basiswissen verfügt.

Ein vorab erstellter Leitfaden sollte hier jedoch nicht Punkt für Punkt abgehandelt werden, viel wichtiger ist es die Aussagen der TeilnehmerInnen möglichst gering zu lenken, um so ihren Interaktions-, Erzähl- und Gesprächsverlauf so wenig wie möglich zu beeinflussen oder zu stoppen.

Zusammensetzung der TeilnehmerInnen
Hierzu liegen differenzierte Meinungen vor. Ob gleich oder nicht, entscheidend für die Auswahl der Teilnehmer ist immer der Forschungszweck bzw. die Forschungsfrage.

Die Analyse der Diskussion
Gewöhnlich beansprucht ein Fokus-Gruppengespräch einen Zeitraum von 1 – 2 Stunden. Diese Diskussionen werden meist aufgezeichnet und danach transkribiert. Für die anschließende Auswertung stehen prinzipiell alle Verfahren der qualitativen Datenanalyse zur Verfügung. Meist werden einzelne Aussagen als Zitate verwendet um bestimmte Kernaussagen zu unterstreichen. Hier fehlt jedoch in den meisten Fällen der Kontext aus dem dieser Wortlaut entstand. Auch die Interaktion der TeilnehmerInnen findet eher wenig Beachtung. (vgl. Littig / Wallace, 1997)

3.3.2 Leitfadeninterviews

Der Begriff des Leitfadeninterviews ist ein Oberbegriff für eine bestimmte Art und Weise der qualitativen Interviewführung: Das Gespräch in einem Leitfadeninterview wird mittels eines Gesprächsleitfaden strukturiert, so dass der Interviewverlauf einem bestimmten vorgegebenen Themenweg folgt. Leitfadeninterviews können dabei ein ganz unterschiedlich starkes Strukturierungsniveau aufweisen. Einerseits können die Gesprächsleitfäden das Interview nur sehr wenig strukturieren, so dass die Befragten den Gesprächsfluss selbst steuern können. Dem Gesprächsleitfaden kommt dann die Funktion zu, dass nur darauf geachtet wird, dass bestimmte Themen im Interview behandelt werden, die anhand von wenigen, teilweise auch vage vorformulierten Fragen angesprochen werden. Wie, wann und auf welche Weise die Befragten diese thematischen Interessen dann behandeln, obliegt ihnen ganz allein. Andererseits können Gesprächsleitfäden differenzierter ausgearbeitet sein und eine Vielzahl an unterschiedliche dezidierten Fragen umfassen, die den Befragten gestellt werden, worauf diese offen antworten sollen. Ein solcher Gesprächsleitfaden steuert das Interview also erheblich stärker. Die vorformulierten Fragen sollen stets offen, erzählgenerierend und hörerorientiert sind (vgl. Kruse, 2007, S. 29). Der Interviewleitfaden soll nun eine Zusammenstellung derjenigen Themen gewährleisten, die während der Befragung auf jeden Fall angesprochen werden sollen. Es ist der Zweck des Leitfadens, dem/der InterviewerIn die Übersicht über das Thema zu garantieren und ihn davor zu bewahren, wichtige Bereiche auszulassen. Die Reihenfolge der Fragen wird vorher im Leitfaden festgelegt, welche in Themenbereiche oder auch Fragedimensionen gebündelt werden.

Die wesentlichen Anforderungen an Frageformulierungen und Fragestile in Interviewleitfäden sind: (vgl. Kruse, 2007, S. 38).

- Keine geschlossene, wertende oder anklagende Frage.
- Keine Erwartungen andeuten.
- Keine direkten, suggestiven Fragen.
- Keine Scham- oder Schuldgefühle auslösenden Fragen.
- Keine Fragen, mit denen auf Klärung insistiert werden soll.
- Keine geschlossenen Nachfragen zur Überprüfung des eigenen Verständnisses.

Neben diesen spezielleren Konstruktionsanforderungen sind noch einige allgemeine Formulierungsaspekte zu beachten:

- Keine mehrdeutigen oder missverständlichen Fragen.
- Keine Fragealternativen oder Mehrfachfragen stellen.
- Eine einfache Wortwahl verwenden: keine Fachausdrücke, keine ungebräuchliche Fremdwörter etc.

4 Methodische Schritte und Datenauswertung

4.1. Fokusgruppendiskussionen

4.1.1 Ausgangssituation und Vorbereitung

Nach einer vorbereitenden Auseinandersetzung mit bestehender Literatur zu betrieblicher Gesundheitsförderung, war es der erste Schritt, einen grundlegenden Überblick über die Ist-Situation im Unternehmen zu gewinnen. Dazu sollten die Einstellungen und Meinungen eines möglichst repräsentativen Querschnitts der MitarbeiterInnen zum Projekt mithilfe von Fokusgruppendiskussionen und anschließenden Kleingruppeninterviews erschlossen werden. Nach der Einarbeitung in die Methodik wurden in kleinen Arbeitsgruppen interessante Fragen für die Gruppendiskussionen mit den MitarbeiterInnen von X1X2 ausgearbeitet. Hier war zunächst nicht die Reihenfolge und Spezifizierung wichtig, vielmehr sollte dieser Arbeitsschritt für die Findung aller notwendigen inhaltlichen Dimensionen unserer Fragen hilfreich sein. Daraus ergaben sich eine Vielzahl von interessanten Fragen, die sich im Wesentlichen um folgende Themen zentrierten: einerseits wurde das Projekt selber in den Blickpunkt der Befragung gestellt und durch gezielte Fragen bezüglich des Bekanntheitsgrades, der Präsenz und der Akzeptanz eruiert. Andererseits sollte auch die allgemeine Einstellung zur persönlichen Gesundheit und den Stellenwert von Gesundheit im Betrieb festgestellt werden. Weiters wurde das Verhältnis der TeilnehmerInnen zur Rolle und zur Aufgabe des/der BP erfragt.

Anhand unserer Fragensammlung ließen sich vier Hauptdimensionen feststellen, nach denen sich der Moderations-Leitfaden für die Fokusgruppengespräche strukturieren ließ.

- Das Projekt BGF
- Die Projekt-PartnerInnen
- Wichtige Maßnahmen und Prioritäten
- Stimmungsbarometer

4.1.2 Diskussionsverlauf und Leitfragen

Die an zwei Standorten durchgeführten Diskussionen wurden in drei Teile gegliedert, in denen jeweils unterschiedliche Leitfragen im Mittelpunkt standen.

Plenumsdiskussion

Hier wurde die Moderation durch ExpertInnen übernommen. Nachstehende Fragen wurden im Plenum anhand einer Kartenmoderation bearbeitet:

Bereich: Das Projekt BGF

Frage 1
- Wie gut kennen Sie das Projekt BGF?
- Fühlen Sie sich ausreichend informiert?
- Wird im Betrieb darüber gesprochen? (wie?)

Frage 2
- Welche konkreten Erwartungen haben Sie an das Projekt?
- Was soll das Projekt im Unternehmen bewirken?
- Wie sollte das Projekt / der Projektverlauf gestaltet werden, damit es in Ihren Augen ein erfolgreiches Projekt wird?

Frage 3
- Was ist für Sie als MitarbeiterIn besonders wichtig, damit das Projekt gelingen kann?

Die Befragten reihten Ihre Karten nach Wichtigkeit.

Bereich: Die Projekt – PartnerInnen (BP)

Frage 1
- Welche Erwartungen, Wünsche und Ansprüche haben Sie an Ihre/n (zukünftige/n) BP?
- Welche Aufgaben hat er / sie Ihrer Meinung nach vor allem? *(Kartenmoderation)*

Frage 2

- Wie soll die Kooperation der MitarbeiterInnen mit den BP im Alltag gestaltet werden, damit die Maßnahmen betrieblicher Gesundheitsförderung sinnvoll und wirksam umgesetzt werden?

Kleingruppeninterviews

Es wurden 5 Kleingruppen gebildet, die sich aus MitarbeiterInnen des gleichen Unternehmensbereichs zusammensetzten. Es sollten darin Fragen in Bezug auf persönliche Verhältnisse zur Gesundheit und prioritäre Maßnahmen diskutiert werden:

Bereich: Unser persönliches Verhältnis zur Gesundheit im Betrieb und in der Freizeit

Frage 1

- Welchen Stellenwert hat das Thema ‚Gesundheit' in Ihrem Arbeitsbereich / an Ihrem Arbeitsplatz? Was wird gemacht? Wie wird darüber gesprochen?

Frage 2

- Sehen Sie für sich persönlich und für Ihre KollegInnen Möglichkeiten, sich zum Thema ‚Gesundheit' im Betrieb bzw. in der Freizeitgestaltung einzubringen?

Bereich: Wichtige Maßnahmen und Prioritäten

Frage:

- Wenn Sie als Verantwortliche/r die Möglichkeit hätten, Maßnahmen zur Verbesserung der Gesundheit der MitarbeiterInnen im Betrieb zu gestalten –
Welche Maßnahmen würden Sie sofort umsetzen?
Was halten Sie für sehr wichtig?
Was ist in Ihren Augen momentan das Wichtigste?

Jede Gruppe wurde von zwei TeilnehmerInnen des Forschungsprojekts betreut, wobei eine Person die Moderation übernahm und der/die zweite Protokoll führte. Es wurden hier stichwortartig Wortgruppen mit wesentlichen Aussagen mitprotokolliert.

Abschlussrunde

In der Abschlussrunde wurde ein Stimmungsbarometer verwendet. Die TeilnehmerInnen sollten Ihre Einschätzung zum Erfolg des Projektes mitteilen und auf dem vorbereiteten Flipchart veranschaulichen. Frage:

- So wie ich die Sache derzeit einschätze, wird BGF …

Die TeilnehmerInnen konnten ihre Bewertung auf einer Skala zwischen „…einfach ein weiteres Projekt" und „…ein voller Erfolg" abgeben.

4.1.3 Protokollierung

Die Protokollierung mit dem Ziel einer strukturierten Aufzeichnung enthielt:

- Eine stichwortartige Aufzeichnung der Wortgruppen mit wesentlichen Aussagen.
- Die Aussagen rund um die Bekanntheit, die Umsetzung der betrieblichen Gesundheitsförderung, die Erwartungen an BGF und den Erfolg des Projekts.

4.1.4 Detailergebnisse zum Projekt BGF

Für diese Dimension wurden folgende Fragen gestellt:

- Wie gut kennen Sie das Projekt BGF?
- Fühlen Sie sich ausreichend informiert?
- Wird im Betrieb darüber gesprochen? (wie?)

Im Folgenden findet sich eine Liste zum Vergleich der Antworten aus Standort 1 und Standort 2 In Bezug auf die wichtigsten Dimensionen:

Informationsfluss

Standort 1

- Projekt bekannt, mit Infos vertraut
- genügend Infos im Internet vorhanden
- Infos sind in der Mitarbeiter - Zeitung vorhanden
- Infos werden gut plakatiert
- Weitergabe der Infos durch Gespräche mit Kollegen

Standort 2
- Projekt auf Homepage gut dargestellt

Wurde in S 2 von den FokusgruppenteilnehmerInnen nur die Projekt-
darstellung auf der Homepage als gut dargestellt empfunden, fanden
sich in S 1 mehrere explizit angesprochene Informationskanäle. In S 1
wird das Projekt nicht nur im Internet wahrgenommen, sondern auch
Mitarbeiterzeitung und Gespräche mit den KollegenInnen tragen zur
Vermittlung des Projektes bei.

Präsenz des Projektes
Standort 1
- Allgemein bekannt durch Seminare → wenig Wissen über De-
  tails (was gehört dazu?)
- Im Lift gut sichtbar
- Manche haben bereits ein Seminar besucht, deshalb bekannt
  (Schichtdienst – gleicher Wissensstand – wird darüber gespro-
  chen, da alle gleiches Seminar besucht)
- Dennoch gibt es Personen, bei denen Projekt kein Thema ist.

Standort 2
- Gesundheitstage haben Eindruck hinterlassen.
- Aktive Teilnahme jedoch nicht in allen Bereichen gleich, da MA
  unterschiedlich informiert
  waren.
- Thema Gesundheit auch aufgrund der höheren körperlichen
  Belastung im Schichtbetrieb aktuell (eher „notgedrungen")

In S 2 ist das Thema Gesundheit aufgrund der höheren körperlichen
Belastung, wenn auch notgedrungen, aktuell und präsent.
In S 1 konnte aufgrund des gemeinsamen Besuches eines Seminars des
Schichtdienstes eine gewisse Bekanntheit des Seminarangebotes re-
gistriert werden. Da in dieser Abteilung über den gemeinsamen Be-
such gesprochen wird, ist ein etwa gleicher Wissensstand zu bemer-
ken. In anderen Abteilungen ist zwar das Angebot von Seminaren be-

kannt, Detailwissen ist aber eher nicht festzustellen. Obwohl in S 1 die Präsenz von BGF auch durch die Plakatierung im Lift als gut sichtbar empfunden wird, ist das Projekt für manche MitarbeiterInnen kein Thema.

Probleme

Standort 1

- Problem Zeitfaktor → zu wenig Zeit, um die Veranstaltungen zu besuchen; zu wenig Zeit sich auseinanderzusetzen (Arbeitsdruck: „wer tut Arbeit, wenn ich Gesundheit genieße?")
- Problem Motivation / Selbstmotivation → schwierig, sich selber zu motivieren; „innerer Schweinehund", Schwellenangst
- Problem der Auseinandersetzung in der Freizeit → es gibt auch andere Interessen in der Freizeit
- Problem der laufenden Kommunikation: eher gering – verblasst mit der Zeit: wichtig für Bewusstseinsbildung (Nachhaltigkeit); Gesundheitstage, Seminare sind punktuelle Informationen, die verpuffen – mehr Gespräche forcieren

Standort 2

- Projekt nicht für alle MA gleich verfügbar (MA im „Netz" haben z.T. erst nach den Gesundheitstagen von der Veranstaltung erfahren)
- Fülle des Informationsangebotes ist mitunter zu groß
- Problem der weniger am Thema Gesundheit interessierten MA – deren Erreichung ist wichtig
- Problem der Akzeptanz für Gesundheit (Schmunzeln der Kollegen, wenn Turnübungen durchgeführt)

Trotz der körperlichen Belastung der ArbeitnehmerInnen in S 2 sind manche MitarbeiterInnen schwer für das Thema Gesundheit zu interessieren, es sind Schwierigkeiten bei der Akzeptanz für Gesundheitsthemen zu beobachten. Dies wird z.B. durch Schmunzeln von Kollegen, wenn Turnübungen durchgeführt werden, deutlich.

In S 1 ist ein gänzlich anderes Problem aufgetaucht: der Zeitfaktor. Es bleibt den ArbeitnehmerInnen zu wenig Zeit, um sich mit dem Thema Gesundheit auseinander zu setzen, oder Veranstaltungen zu besuchen. In der Freizeit wollen auch andere Interessen verfolgt werden. Als weiteres Problem in S 1 werden der „innere Schweinehund, Selbstmotivation und die Schwellenangst" angeführt. Die Wichtigkeit von persönlichen Gesprächen unter KollegInnen über das Thema zeigt sich in S 1 deutlich. Hier wurde darauf hingewiesen, dass für eine nachhaltige Bewusstseinsbildung Kommunikation unerlässlich ist. Seminare und Gesundheitstage sind punktuelle Informationen, deren Wirkung mitunter verpuffen kann. Als Problem in S 1 wurde außerdem gesehen, dass die Kommunikation über das Thema als eher gering empfunden wird.

Allgemeine Verbesserungsvorschläge
Standort 1
- Veranstaltungen für einzelne Gesellschaften und Standorte
- Evtl. außerhalb des Unternehmens präsentieren
- Bewusstseinsbildung fördern
- Nachhaltige Förderung, Motivation
- BGF sollte kein „muss" sein
- Unterscheidung der Belastung zwischen „Schichtdienst" und „Büroarbeit"
- informelle Netzwerke gründen
- Schwerpunktprojekte

Standort 2
- Übergreifende Infos für dezentrale MA, etwa durch Plakate und Mundpropaganda
- Abstimmung der Informationsweitergabe auf jeweilige Gesellschaften
- Einbeziehung der bestehenden Sportsektionen
- Abstimmung mit dem Betriebsarzt

- Lehrlingsausbildungsprogramm als Beispiel: hier ist Gesundheitsförderung bereits integriert
- Schlüsselpunkt „Gesundheit ist Eigenverantwortung" allen MA vermitteln
- Erreichung weniger interessierter MA
- Druck der MA wächst ständig (Burn-Out) – Angebote zur Bewältigung notwendig

In S 2 wurde auf die Integration des bestehenden Sportprogramms verwiesen und eine Einbeziehung des Betriebsarztes vorgeschlagen. Als Beispiel wurde das Lehrlingsausbildungsprogramm genannt, hier wurde die Gesundheitsförderung bereits integriert. In S 1 wird eine Unterscheidung der Belastungen zwischen Schichtbetrieb und Büroarbeit gesehen, der mit Veranstaltungen für einzelne Gesellschaften entgegengewirkt werden kann. Sowohl in S 1 als auch in S 2 sehen die MitarbeiterInnen eine Eigenverantwortung bzgl. des Themas Gesundheit, die den ArbeitnehmerInnen auch so vermittelt werden soll; es darf kein Zwang entstehen. Durch eine Abstimmung der Informationsweitergabe auf die jeweiligen Gesellschaften sehen die MitarbeiterInnen in S 2 eine Möglichkeit zur Verbesserung der (verbalen) Präsenz des Projektes. Wird in S 1 die Informationsweitergabe durch Plakate und Mundpropaganda als gut empfunden, sehen die ArbeitnehmerInnen in S 2 einen Verbesserungsbedarf in der täglichen Information zum Thema. In S 1 wurden eher allgemeine Einführungen von Schwerpunktprojekten erwünscht, währen in S 2 ein ganz konkreter Vorschlag gemacht wurde: ein Angebot zur Bewältigung von Burn-Out-Symptomen wäre sinnvoll, da der Druck auf die MitarbeiterInnen ständig wächst. Können in S 2 eher konkrete Verbesserungsvorschläge gesehen werden, waren in S 1 eher nebulöse Bemerkungen wie Bewusstseinsbildung, Motivation und Nachhaltigkeit zu fördern festzustellen.

<u>Verbesserung der Informationsweitergabe</u>
Standort 1
- Mit Infos in kleinen Einheiten auf das Projekt aufmerksam machen
- Privat ist Gesundheit eher ein Thema; es sollte mehr mit Kollegen darüber gesprochen werden → ev. beim Kaffee

Standort 2
- Verhindern der „Mailflut": ev. Aussendung von Mails mit „gesundheitsrelevantem Arbeitsauftrag"
- Besondere Kommunikation mit MA, die im Netzbetrieb tätig sind – oft kein Internet-zugang - Infos am „schwarzen Brett" haben oft nicht die gewünschte Wirkung

Zeigen die ArbeitnehmerInnen in S 2 eher den negativen Ist-Zustand auf (Mailflut verhindern, Informationen am schwarzen Brett gehen unter...) machen die S 1 - MitarbeiterInnen genauere Angaben: in kleineren Einheiten Informationen weitergeben, eher informell – bei einem Kaffee mit Kollegen - im persönlichen Gespräch.

<u>Erwartungen an das Projekt</u>
Standort 1
- Eigenes Interesse fördern
- Verantwortung liegt bei jedem Einzelnen – Nutzung der Angebote des Unternehmens
- Arbeitsumfeld, welches auf Gesundheit Rücksicht nimmt und abgestimmt ist (ergonomische Arbeitsplatzgestaltung, Weg zum Drucker, Gestaltung der Räume)
- Problem der Kurzzeitigkeit von Projekten – darf hier nicht passieren, ansonsten Schwierigkeiten bei der Umsetzung
- Zeit und Akzeptanz für den Austausch mit KollegInnen (kein Fingerzeig!)

Standort 2
- Keine einmalige Aktion – weitermachen
- Abstimmung auf Sportsektionen
- Verlinkung mit medizinischem Standpunkt
- Problem der Sparmaßnahmen für Seminarbesuche (neuerliche Anmeldungen nach voraus gegangener Ablehnung ist fraglich)
- Fokus nicht nur auf körperliche Gesundheit, sondern auch auf psychische (Teamtraining, Umgang mit psychischen Belastungen)

Einig sind sich die ArbeitnehmerInnen in beiden Standorten darüber, dass das Projekt BGF keine einmalige Aktion sein soll, sondern längerfristig betrieben werden soll. Haben die ArbeitnehmerInnen in S 1 Erwartungen bzgl. der Arbeitsumfeldgestaltung, welches auf die Gesundheit Rücksicht nimmt (ergonomische Arbeitsplatzgestaltung usw.), erwarten sich die S 2 - ArbeitnehmerInnen auch einen Fokus auf die psychische Gesundheit (Teamtraining, Umgang mit psychischen Belastungen). In S 2 werden Sparmaßnahmen für Seminarbesuche befürchtet, in S 1 Zeit und Akzeptanz für den kollegialen Austausch erwartet.

Wirkung des Projektes

Standort 1
- gesunde MA

Standort 2
- Auseinandersetzung mit dem Problem gegensätzlicher Ziele: Steigerung der Gesundheit der MA vs. steigender Druck im Arbeitsalltag (mehr Leistung, mehr Ergebnisse)
  Erkennen und Behandeln vorhandener Probleme

Die S 1 - MitarbeiterInnen glauben, dass das Projekt BGF gesunde MitarbeiterInnen zur Folge haben wird. Die S 2 - MitarbeiterInnen hingegen wünschen sich eine Auswirkung auf das Erkennen und Behandeln von Problemen; z.B. dem Problem der widersprüchlichen Ziele, der

Gesundheitsförderung zum einen und dem steigenden Arbeitsdruck zum anderen.

Erfolgskriterien
Standort 1
- Kernproblem: Erreichung weniger interessierter MA und deren Aktivierung, sich für Gesundheit zu interessieren
- Seminare immer wieder anbieten
- Teamgeist fördern / Netzwerke
- Projekt in den Köpfen der MA verankern
- Informationsweitergabe: Regelmäßige Kommunikation: E-Mails, Zettel mit 3 Übungen bzw. Plakate im Büro (Vorsicht bei Informationsüberflutung – Alternativen zu Mails überlegen)
- Besonders auch die jungen MA für BGF motivieren
- Vorbildwirkung fördern: Vertrauter in jeweiliger Gesellschaft (kein Wettbewerb, positive Kommunikation, „Good News")
- alle Führungsebenen sollen positiv vorleben

Standort 2
- Ganzheitliche Bandbreite
- Zeit (Projekt ist langfristig)
- Scheue der MA abbauen – weniger interessierte MA erreichen (gewisse Holschuld der MA bleibt trotzdem)
- Kontinuität des Projektes und dessen Einbindung in die Seminarlandschaft (Nachhaltigkeit)
- Beachtung der möglichen Informationsflut
- Beispielwirkung der Führungskräfte – Projekt wird authentischer
- Mitunter Ausübung eines „leichten Drucks" auf MA, um Seminare zu besuchen

Einig sind sich alle ArbeitnehmerInnen darüber, dass alle MitarbeiterInnen angesprochen werden sollen, nicht nur die ohnehin an Gesundheit Interessierten. Die Informationsweitergabe wird auch als ein

Erfolgskriterium von beiden Mitarbeitergruppen gesehen. Sowohl die S 1 – als auch die S 2 - ArbeitnehmerInnen warnen allerdings vor einer E-Mail-Flut. Es sollen Alternativen für die regelmäßige Kommunikation gefunden werden (z. B. Plakate). Weiters herrscht Einigkeit über die positive Beispielwirkung von Führungskräften, wodurch das Projekt authentischer wird. Beide Mitarbeitergruppen sehen die Kontinuität des Projektes („Seminare sollten immer wieder angeboten werden") als ein Erfolgskriterium. In S 2 wird die Einbindung des Projektes in die bestehende Seminarlandschaft als ein Erfolgskriterium für die Nachhaltigkeit des Projektes gesehen. Eine ganzheitliche Bandbreite und Zeit für das Projekt („Sickerwirkung") werden in S 2 für den Erfolg mitverantwortlich gemacht; dort kann man sich außerdem einen leichten Druck zur Seminarteilnahme auf MitarbeiterInnen vorstellen.

In S 1 glaubt man durch die Motivation der jungen MitarbeiterInnen für die betriebliche Gesundheitsförderung ein Erfolgskriterium gefunden zu haben. Teamgeist fördern, Netzwerke bilden und die Verankerung des Projektes in den Köpfen der ArbeitnehmerInnen sichert für die S 1 - MitarbeiterInnen den Erfolg.

Voraussetzungen für das Gelingen des Projekts

Die TeilnehmerInnen wurden mittels Kartenmoderation befragt, was für sie als MitarbeiterInnen für das Gelingen des Projektes besonders wichtig ist. Die drei gegebenen Antworten konnten in ihrer Bedeutung gewichtet werden. In den nachstehenden Tabellen können die genannten Voraussetzungen beider Standorte nochmals nachgelesen werden

Auswertung S 1

Wichtigster Faktor	Zweitwichtigster Faktor	Drittwichtigster Faktor
Führungskräfte sollen BGF unterstützen	engagiertes Projektteam: Lob an alle: mit Herz dabei	Budget

Wichtigster Faktor	Zweitwichtigster Faktor	Drittwichtigster Faktor
Von der Bewusstseinsbildung zur Aktivität (2 mal / Woche konkrete Vorschläge) – Erreichung eines großen Kreises	Leitfigur mit Vorbildwirkung – wer kann das sein?	individuelle Kommunikation: (Eigenengagement) – auch jene mit weniger Interesse direkt ansprechen
Großzügige Büroräume für aufgabengerechte, individuelle Gestaltung (Sitzanordnung) – zur positiven Bewältigung des Arbeitsalltages	Infos im Eingangsbereich: „Tages – oder Verhaltensmotto" - Informationen bzw. Tipps anbringen zB: „Heute mal die Treppe nehmen anstatt den Lift!"	Entspannungs- und Ausgleichsübungen (frische Luft schnappen etc.)
Großes Angebot an Seminaren – für jeden etwas dabei – Abhaltung in Kleingruppen (10 Personen) - sehr intensiv	Wöchentliche oder monatliche Leitsprüche	
Regelmäßige Informationen (E-Mail, Plakate etc.)	Regelmäßige Leitsprüche (Ernährung, Treppen steigen etc.)	
Attraktives Angebot	Regelmäßige Informationen – Thema ist präsenter	Führungskräfte sollen BGF aktiv vorleben
Information	Führungskraft als Vorbild	
Gespräche unter KollegInnen - Präsenz, BGF ist/wird Thema	Informations-Veranstaltungen (neben Gesundheitstagen)	Seminarangebote für Teilzeitbeschäftigte

Wichtigster Faktor	Zweitwichtigster Faktor	Drittwichtigster Faktor
Motivation auch für jüngere MA (Gesundheit hier noch nicht so wichtig)	Gleichgesinnte finden: Laufen, Ernährung etc. – Gruppen bilden, sich treffen	
Laufende Kommunikation	Tipps: im Büro anwendbar; ev. auf Zettel vor sich	Gespräche unter MitarbeiterInnen: BGF bei Sitzungen Thema (Obstkorb)
Konkrete Maßnahmen wählen: Jeder MA wählt eine konkrete Aufgabe, die er/sie für sich verbessern will	Vorbilder und regelmäßige spezifische Erinnerung: Wiederholung da Vorbild im Nahbereich	Regelmäßiger Austausch mit KollegInnen zu „meinem" ausgewählten Thema wirkt nachhaltig; Vorbilder + Highlights
Immer wieder Möglichkeit AKTIV teilzunehmen (Seminare, Ernährung, Schwerpunkte etc.)	Tipps in Wort und Bild zum Aufhängen (Vorbilder aus eigener Abteilung)	Im Team geht's leichter! – gegenseitiges Anspornen – mitmachen – anstatt Kaffeepausen gemeinsam Übungen machen!
laufende Erinnerung an Angebote	Einfache Tipps „weniger ist mehr" (Tipp der Woche)	Vorbildwirkung Führungskräfte
Angebote in kleineren Einheiten: kann eher funktionieren – Arbeitsaufgaben können trotzdem bewältigt werden	Zeit für Erfahrungsaustausch mit den KolegInnen als Motivation – soll toleriert werden	

Wichtigster Faktor	Zweitwichtigster Faktor	Drittwichtigster Faktor
Positive Einstellung zur Gesundheit, damit Zustand lange anhält - Information	Kommunikation miteinander (positive Erfahrung durch Bewältigung eines Gesundheitsproblems)	Projektteam und Förderung
Mehr Information und auch Rückmeldungen über das Projekt bekannt geben	positive und negative Meldungen ebenfalls weitergeben (z.B. bei Speiseplan)	

Auswertung S 2

Wichtigster Faktor	Zweitwichtigster Faktor	Drittwichtigster Faktor
Jeden nehmen, wie er ist	Innere Qualitäten zählen, Freude am Arbeitsinhalt	Zeit
Kontinuität (Angebote weiterführen)	Persönliche Informationen	Angebote erweitern
Informationen aufrecht erhalten	Weitere Angebote	
Akzeptanz von Führung	Vielfalt der Angebote	Laufende Information
Dauer, Beständigkeit, über längeren Zeitraum (gegenteilige Erfahrungen)	Ansprechen breiter Berufsschichten, jung u. alt	Vorteile für die eigene Gesundheit in den Vordergrund rücken
Ernstgemeinte Unterstützung durch Führung	Kontinuität	Die richtige Dosis MA akzeptieren, wie sie sind.

Wichtigster Faktor	Zweitwichtigster Faktor	Drittwichtigster Faktor
Vorbildwirkung der Führung	Kontinuität	Budget
Akzeptanz durch sämtliche Führungsetagen, trotz Druck	Synergien mit Sportsektionen	Vermehrt vorhandene Sportstätten nutzen (Betreuung)
Breiteninformation	Verständnis durch Chefetage, adäquate Sprache verwenden	Info auf Betriebsversammlung
Nachhaltige Angebote (brauchen Zeit)	In Bildungsangebot integrieren	Fixer Bestandteil der Kultur, Umsetzung im Leitbild
Weiterhin Angebote	Feedback der Abteilungen (Nachfrage durch verantwortliche Person)	„aktives Zuhören" (Ausgeschlossene, wo liegen die Gründe für Nichtteilnahme)
Zeitressourcen für MA	Mehr psychische Komponenten (mentale)	Auf einzelne Bereiche abstimmen (versch. Bedingungen)
Aktive Beteiligung	Zeit	Langfristig
Mehr Information	Mehr Angebote	
Bessere Information	Mehr Angebote (bessere Erreichbarkeit)	

Die Informationsweitergabe wird als einer der wichtigsten Faktoren von den MitarbeiternInnen gesehen. Wird in S 2 eher keine spezielle Form der Informationsweitergabe genannt (mehr, besser, laufend usw.), sehen die S 1 - MitarbeiterInnen darüber hinaus auch die Gespräche mit KollegInnen als eine wichtige Möglichkeit, das Gelingen des Projektes zu sichern. Ein weiterer wichtiger Schwerpunkt für den Erfolg von BGF ist für beide Gruppen die Vorbildwirkung der Führungskräfte.

Die Kontinuität und das breite Angebot werden ebenfalls von beiden Mitarbeitergruppen genannt. Ein zusätzlicher Faktor ist für alle die Zeit, die für die Umsetzung der betrieblichen Gesundheitsförderung zur Verfügung gestellt wird. Auffallend ist, dass in S 1 die Teamförderung als Faktor für das Gelingen des Projektes wahrgenommen wird, in S 2 aber kaum Beachtung findet. Auch die Angebote selbst sind für die ArbeitnehmerInnen Grund für den Erfolg von BGF (mehr, vielfältig, attraktiv).

4.1.5 Detailergebnisse: BGF - PartnerInnen

Erwartungen, Wünsche und Ansprüche
- Welche Erwartungen, Wünsche und Ansprüche haben Sie an Ihre/n (zukünftigen) BGF- PartnerIn"?
- Welche Aufgaben hat er / sie Ihrer Meinung nach vor allem?

Bei der nun folgenden Liste handelt es sich um eine taxative Auflistung aller Aussagen ohne Priorisierung der einzelnen Nennungen
- sich als Schnittstelle zum Projektteam verstehen
- sind eine zentrale Koordinationsstelle in den Gesellschaften
- gesundheitsrelevante Informationen für die jeweilige Gesellschaft aufbereiten und unter den MitarbeiterInnen verteilen
- sollen aktive Partner sein!
- ist ein/e konkrete/r Ansprechpartnerin, den man „kennt"
- steht in Verbindung mit den MitarbeiterInnen
- sollen Wünsche und Ideen der KollegInnen sammeln, koordinieren und umsetzen (Mehrfachnennung)
- sollen Veranstaltungen initiieren und koordinieren
- sollen teamspezifische Angebote setzen (Gruppendynamik)
- sind kompetente AnsprechpartnerInnen und eine Anlaufstelle für alle gesundheitlichen Fragen und Trainingsfragen und sol-

len Antworten geben können (etwa bei Anfragen für Seminare, Laufveranstaltungen etc.)

- sollen sich aktiv mit dem Betriebsarzt abstimmen
- sollen evtl. Umfragen organisieren und den schwerpunkt- bzw. bereichsspezifischen Bedarf an Angeboten erheben (Mehrfachnennung)
- sollen „sanften Druck" ausüben zur Aktivierung und Motivierung der KollegInnen
- sollen als Motivatoren spürbar sein
- sollen in Abstimmung auf die jeweiligen Bereiche / Abteilungen arbeiten
- Diskretion wird erwartet; sie stellen ein wichtiges Verbindungsglied dar!
- Regelmäßige Info, um am neuesten Stand zu sein und zu bleiben (Was gibt's Neues?) (Mehrfachnennung)
- Kontaktaufnahme mit den MitarbeiterInnen
- sollen Tipps, Anregungen und Feedback geben
- sollen Austausch über die Erfahrungen ermöglichen
- sollen Vorbild sein/Vorbildwirkung haben
- sollen zur Bewusstseinsbildung beitragen, als MultiplikatorInnen wirken (Mehrfachnennung)
- sollen verfügbar sein, wenn Nachfragen nötig werden
- sollen Unterstützung bei Entscheidungen und Fragen geben können
- sollen 1x/Monat eine Veranstaltung / Information / Anregung zu einem bestimmten Thema aufbereiten
- sollen ExpertInnen für bestimmte Themen sein
- sollen generelle Informations- und Ansprechstelle sein (Mehrfachnennungen)
- sollen aktiv an die Aufgabe und die MitarbeiterInnen herangehen (ohne Scheu)
- sollen die MitarbeiterInnen trotz des bestehenden Arbeitsdruckes motivieren und deren Leistungen anerkennen
- sollen selbst (Themen-)Schwerpunkte setzen

- haben eine „Wächterfunktion" – den Überblick behalten, mit Rat & Tat zur Seite stehen
- sollen sich von Zeit zu Zeit über positive und negative Entwicklungen erkundigen

Die Ergebnisse aus den Gesprächen der beiden Gruppen lassen folgende Clusterung (mit inhaltlichen Überschneidungen) zu:

Bereiche	Nennungen
Funktionaler Bereich	<ul><li>sich als Schnittstelle zum Projektteam verstehen</li><li>sind eine zentrale Koordinationsstelle in den Gesellschaften</li><li>sollen sich aktiv mit dem Betriebsarzt abstimmen</li><li>sollen in Abstimmung auf die jeweiligen Bereiche arbeiten</li><li>sollen generelle Informations- und Ansprechstelle sein (Mehrfachnennungen)</li><li>haben eine „Wächterfunktion" – den Überblick behalten, mit Rat & Tat zur Seite stehen</li></ul>
Kompetenzen und Rollenverständnis	<ul><li>ist ein konkreter AnsprechpartnerInnen, den man „kennt"</li><li>steht in Verbindung mit den MitarbeiterInnen</li><li>aktive Kontaktaufnahme mit den Mitarbeitern</li><li>sollen ExpertInnen für bestimmte Themen sein</li><li>sollen Unterstützung bei Entscheidungen und Fragen geben können</li><li>sollen verfügbar sein, wenn Nachfragen nötig werden</li></ul>

Aktivitätsbereich	<ul><li>gesundheitsrelevante Informationen für die jeweilige Gesellschaft aufbereiten und unter den MitarbeiterInnen verteilen</li><li>sollen Wünsche und Ideen der KollegInnen sammeln, koordinieren und umsetzen (Mehrfachnennung)</li><li>sollen Veranstaltungen initiieren und koordinieren</li><li>sollen teamspezifische Angebote setzen (Gruppendynamik)</li><li>Regelmäßige Info, um am neuesten Stand zu sein und zu bleiben (Was gibt's Neues?) (Mehrfachnennung)</li><li>sollen kompetente AnsprechpartnerInnen und eine Anlaufstelle für alle gesundheitlichen Fragen und Trainingsfragen sein und Antworten geben können (etwa bei Anfragen für Seminare, Laufveranstaltungen etc.)</li><li>sollen evtl. Umfragen organisieren und den schwerpunkt- bzw. bereichsspezifischen Bedarf an Angeboten erheben (Mehrfachnennung)</li><li>sollen Tipps, Anregungen und Feedback geben</li><li>sollen Austausch über die Erfahrungen ermöglichen</li><li>sollen sich von Zeit zu Zeit über positive und negative Entwicklungen erkundigen</li><li>sollen 1x/Monat eine Veranstaltung/Information/Anregung zu einem bestimmten Thema aufbereiten</li></ul>

Persönliche Merkmale	<ul><li>sollen aktive PartnerInnen sein!</li><li>sollen selbst (Themen-)Schwerpunkte setzen</li><li>sollen als Motivatoren spürbar sein</li><li>sollen „sanften Druck" ausüben zur Aktivierung und Motivierung der KollegInnen</li><li>sollen Vorbild sein</li><li>sollen zur Bewusstseinsbildung beitragen, als MultiplikatorInnen wirken (Mehrfachnennung)</li><li>Diskretion wird erwartet; sie stellen ein wichtiges Verbindungsglied dar!</li><li>sollen aktiv an die Aufgabe und die MA herangehen (ohne Scheu)</li><li>sollen die MitarbeiterInnen trotz des bestehenden Arbeitsdruckes motivieren und deren Leistungen anerkennen</li></ul>

Die BGF - PartnerInnen werden vor allem als zentrale AnsprechpartnerInnen für die MitarbeiterInnen gesehen. Daher sollen sie regelmäßig mit ihnen in Verbindung stehen und deren Wünsche und Ideen sammeln (Umfragen), koordinieren und umsetzen. Sie werden als aktive ExpertInnen gesehen, die eine Vorbildwirkung haben. Es wird von ihnen erwartet, dass sie regelmäßig Informationen ausgeben, Tipps, Anregungen und Feedback geben und dabei als Motivatoren (auch sanfter Druck) agieren. Die BGF - PartnerInnen sollen (teamspezifische) Angebote initiieren und koordinieren. Weiters sollen sie diskret und immer verfügbar sein.

Erfolgskriterien der Projekt-Umsetzung im Alltag
- Wie soll die Kooperation der MitarbeiterInnen mit den BGF –PartnerInnen im Alltag gestaltet werden, damit die

Maßnahmen betrieblicher Gesundheitsförderung sinnvoll und wirksam umgesetzt werden?

Die TeilnehmerInnen gaben folgende Antworten:

- Regelmäßige Aufmerksamkeit (Bsp.: Bürovisite)
- die MitarbeiterInnen regelmäßig in den Büros besuchen, MitarbeiterInnen auf Gesundheit und Angebote/Übungen aufmerksam machen, mit den MitarbeiterInnen sprechen (Mehrfachnennung)
- Kooperation mit der Führungsebene: BGF - PartnerInnen müssen anerkannt sein und sich auch durchsetzen können/dürfen
- Präsenz der Führungskräfte bei Veranstaltungen
- BGF - PartnerInnen sollen Schwerpunkte setzen - nicht Probleme suchen, sondern besser wenige Aktionen bewusst machen
- Mitteilungsbedürftigkeit der MitarbeiterInnen bzw. den Austausch/Gespräche untereinander fördern
- Vorbildwirkung
- „Belohnung" als Ansporn für BGF - PartnerInnen überlegen, z.B. ein Seminarbesuch pro Jahr

Als zentrale Ansprechperson kann der / die BGF-PartnerIn durch einen regelmäßigen Rundgang durch die Büros Aufmerksamkeit erregen und dabei konkrete Themen bzgl. Gesundheit ansprechen. Auch an dieser Stelle ist die Vorbildwirkung wieder erwähnt. Eine Kooperation mit der Führungsebene soll gesucht werden, damit einerseits die Führungskräfte bei Veranstaltungen präsent sind und andererseits die BGF - PartnerInnen von den Führungskräften anerkannt werden. Es soll aber auch nicht auf die gerechte Entlohnung für die Leistung der BGF - PartnerInnen vergessen werden.

4.1.6 Detailergebnisse: Wichtige Maßnahmen und Prioritäten
Folgende Frage wurde gestellt: Denken Sie konkret an Ihren Tätigkeitsbereich / Ihren Arbeitsplatz:

- Wenn Sie als Verantwortliche/r die Möglichkeit hätten, Maßnahmen zur Verbesserung der Gesundheit der MitarbeiterInnen im Betrieb zu gestalten –
- Welche Maßnahmen würden Sie sofort umsetzen?
- Was halten Sie für sehr wichtig?
- Was ist in Ihren Augen momentan das Wichtigste?

Auswertung S 1
Für S1 werden nochmals alle Antworten taxativ und ohne Priorisierung aufgelistet werden:
- Arbeitsplatz gut ausrichten, weil derzeitiges Büro nicht optimal ist, d.h. funktionierende Heizung, genügend Platz, ev. Luftbefeuchter
- Organisation sehr wichtig, deshalb rechtzeitige Informationsverkündung, auch an Führungskräfte gerichtet
- Problem der persönlichen Grenzen bei Seminarbesuchen (wird gefordert teilzunehmen; Zeitfrage, Vereinbarkeit mit Familie) Daher: mehr Toleranz und Verständnis gegenüber MitarbeiterInnen aufbringen
- Teamleiter sollte mehr Verständnis für MitarbeiterInnen haben; Arbeitsaufwand ist zu zyklisch, daher Arbeitsprozess verbessern
- Zeitgerechte Information für Vorbereitung, da bei Forderung der sofortiger Umsetzung Zeitdruck entsteht
- Informationsweitergabe und Kommunikation verbessern
- Obstkorb
- Bereitstellung von Wasserspender vor alle (Mehrfachnennung)
- Kantine (z.B. mehr fleischlose Sachen, Salatbuffet, ganzen Tag offen, mehr Auswahl an gesunden Produkten)
- Fitnessraum für nach der Arbeit
- Diensträder – Kein Wissen über deren Vorhandensein
- Treppen steigen statt Lift
- Anregungen und Vorschläge ernst nehmen

- MitarbeiterInnen an richtige Bewegung, richtiges Heben/Haltung/Ernährung erinnern
- Schulungen in Anspruch nehmen
- Möglichkeiten zum Thema Gesundheit und Freizeit bei Kaffeepausen besprechen
- in Besprechungen Verbesserungen vornehmen, wie z.B. mangelnde Bewegung / Ernährung / Kondition / Rauchverbot als Tagesordnungspunkte ansetzen
- auch in der Freizeit Vorschläge zum Thema Gesundheit am Arbeitsplatz einbringen
- Mehr Auszeit für MitarbeiterInnen, mehr Freizeitgestaltung
- Empfehlungen zur Verbesserung der Gesundheit
- Institutionalisierte Vorschreibungen
- Diskussionen über Maßnahmen wie man sitzt, isst, trinkt
- Einladung zu sportlichen Aktivitäten
- man darf Leute nie zwangsbeglücken - Jeder will seine Freiheiten haben und muss einen Weg für sich selbst finden (Gefahr der Aufdrängung - Motivation kann man nicht erzwingen)
- Präsentation im Stiegenhaus: Anregungen ohne konkret das Projekt BGF zu erwähnen
- niederschwellige Angebote, damit Akzeptanz wächst
- Information über Vorhandensein eines Dienstrads. Infoschild beim Eingang mit der Aufschrift „Sind sie schon mit dem Dienstrad gefahren?"
- Organisation von Ausflügen mit den prominenten Sportlern (dient zur Motivation, man holt sich Tipps)
- Idee eines liftfreien Tags pro Woche
- Erweiterung der Erlangung des Sportabzeichens an einem Sporttag (siehe Lehrlingsausbildung) für alle MitarbeiterInnen
- Festlegung einer individuellen, konkreten Maßnahme (jeder MA für sich) - Fokus darauf richten, ansonsten Schwierigkeit für den/die Einzelnen/e, sich auf alle Maßnahmen zu konzentrieren

- Jeder MA soll selber Maßnahmen vorschlagen – BGF - PartnerInnen sind Stütze und als Ratgeber tätig
- Faktor Zeit kann für das Projekt hinderlich sein - mehr Zeit für die Umsetzung der Maßnahmen
- Aktivität und Vorbildwirkung der Führungsetage und der BGF - PartnerInnen, z.b. gemeinsame Übungen in den Pausen, gesunde Ernährung (Obst und Gemüse als Zwischenmahlzeit), Teilnahme an Besprechungen
- Ergonomisch gestaltete Arbeitstische
- Vorhandensein von Massagebällen für die Feinmotorik zur Entspannung
- Einlegung von mehreren kurzen Pausen bei Besprechungen (Erhaltung der Konzentrationsfähigkeit – Vermeidung von Stress) (Mehrfachnennung)
- Mittagspause ist frei von Terminen (gilt auch für Führungskräfte)
- „Bewusstseinsbildung", d.h. stärke Konfrontation und Auseinandersetzung der MitarbeiterInnen mit BGF zur Stärkung des individuellen Gesundheitsbewusstseins
- Auftreten von Interessenskonflikten bei der Umsetzung der Maßnahmen, dadurch Verlangsamung des Prozess (nicht alle MA können für das Projekt begeistert werden)
- Wunsch an Führungskräfte: mehr Zeit für die MA bzw. Zeit adäquat und gezielt einplanen (z.B. wann Übungen stattfinden, Pausen, Meetings) - allerdings Kontrollprobleme
- Maßnahmen mitarbeiterInnenspezifisch und bereichsspezifisch durchführen
- Temperaturgeregelte Büros (Hitze im Sommer)
- „Tipp der Woche" : hängt auf jeder Bürotür, jede Woche einen anderen Ratschlag für die MA in punkto Ernährung, Gesundheit und Bewegung
- „E-Mails mit positiven Gedanken": einmal pro Woche den MA eine E-Mail mit Gedichten und positive Leitsätzen (wurde

schon einmal realisiert) – Probleme: möglicherweise von einigen als nutzlos aufgefasst, Problem: E-Mailflut

Auswertung S 2

- an BGF weniger interessierte MitarbeiterInnen bei einer Veranstaltung Möglichkeit geben, Gründe für die Nichtteilnahme an Seminaren zu nennen
- leichten Druck auf MA ausüben, damit sie „gezwungenermaßen" an Seminaren teilnehmen
- Seminare zu verschiedenen Zeitpunkten anbieten (Möglichkeit der Teilnahme für alle)
- einen Tag im Jahr verpflichtende Seminarteilnahme für alle
- auch gut für die sozialen Kontakte
- Vorbildfunktion der Führungskräfte und Teamleiter hinsichtlich der Seminarteilnahme
- interessierte MA Seminarteilnahme nicht verweigern
- Seminare mit Schwerpunkt „Gesundheit" anbieten (nicht nur sportliche Aktivitäten)
- Mundpropaganda zur Informationsweitergabe (Meinung anderer ist wichtiger als Infomaterial)
- Problem der Informationsweitergabe bei MA in bestimmten Bereichen – allgemein und auch spezifisch bei diesem Projekt (es hat sich eingebürgert, erhaltene Informationen auf die Schreibtische ab zu legen – Dringlichkeit und Relevanz der Informationen entscheiden über deren Beachtung und Umsetzung) Von Gesundheitstagen erst nach deren Durchführung erfahren.
- Gymnastik für MitarbeiterInnen im Netzbetrieb (Sport weniger interessant, da ohnehin viel körperliche Arbeit)
- Stärkung des Menschen
- AnsprechpartnerIn in der Gruppe
- Förderung der Teamfähigkeit - Psychische Probleme analysieren und Lösungswege finden

- gemeinsamer Ausflug: gemeinsame Aktivitäten und übergreifende Treffen (Problem der Größe des Konzerns, kann niemanden zwingen)
- Seminare zu Konflikt-Management, Gelassenheitstraining um Druck abzubauen
- MA mehr Freiraum und Entfaltungsmöglichkeiten geben; Druck abbauen; Teamfähigkeit stärken; positives Feedback, „Loben", aber auch einfach Anerkennung der Leistungen → diese nicht als selbstverständlich ansehen
- Gemeinsame Pausen einführen - Zeit für gemeinsame Pausen geben (wird vernachlässigt bzw. nicht gerne gesehen)
- Sportaktivitäten zum Auspowern
- Angebot sportlicher und mentaler Seminare
- Regelmäßige Zusammentreffen (Besprechung von Problemen etc.)
- Bereits bestehende Projekte / Ansätze (etwa aus der Lehrlingsausbildung) aufgreifen und auf Gesellschaften umlegen
- Durchführung einer jährlichen Umfrage
- Weniger interessierte MitarbeiterInnen stärker aktivieren. Motivation muss vor Ort stattfinden – Vorschlag: „komprimierte" Gesundheitstage für bestimmte Bereiche
- Betonung durch die Führungskräfte (weniger Missmut – MA sind motivierter)
- Mehr Angebote für Teamentwicklung (wird immer weniger – Angebote für verschiedene Abteilungen)
- Besserer Austausch zwischen den einzelnen Bereichen / Abteilungen / Gesellschaften
- ständiges Aufmerksam machen / Antreiben zur erfolgreichen Aufrechterhaltung des Projektes (nächstjährige Seminarausschreibungen gleich pushen; neue kleinere Aktionen finden; mehr Tipps geben)
- Zeitraum zwischen Seminarbekanntgabe und Seminarabhaltung ist zu lange

- Projekt gehört in Struktur integriert, dadurch Chance auf Nachhaltigkeit (Wiederholung Jahr für Jahr; Offenheit bei dieser Wiederholung) – Lehrlinge sind zukünftige MA, daher wird sich Bereitschaft im Unternehmen mit der Zeit ausbreiten.
- Motivation der einzelnen MA ist besonders wichtig – BGF muss zur Kultur werden
- Zur Verfügung stellen notwendiger Mittel – Führungskräfte müssen sich mit Projekt identifizieren

Auf die Frage was sie, wenn sie verantwortlich wären, für Maßnahmen sofort umsetzen würden, sind die S 1 - MitarbeiterInnen voller Ideen zur Umsetzung der betrieblichen Gesundheitsförderung. Vorschläge, die auf die Fitness der ArbeitnehmerInnen abzielen, gibt es einige: auf den Lift verzichten, Dienstfahrräder, Fitnessraum, Ausflüge mit bekannten Sportlern, Sportabzeichen, Massagebälle für die Feinmotorik etc. Auch die Ernährung ist diesbezüglich. ein Thema: Wasserspender, Obstkorb, Kantinenessen überdenken. Ebenso wird der Arbeitsplatz selber in den Blickpunkt der MitarbeiterInnen gerückt: ergonomisch gestaltete Arbeitsplätze, Heizung, genügend Platz usw.

Die S 1 - MitarbeiterInnen wollen nicht zwangsbeglückt werden, sondern wünschen sich eine unterschwellige Information, die zeitgerecht, zyklisch und individuell an die MitarbeiterInnen gerichtet ist. Die Kommunikation wird in S 1 auf sehr kreative Weise gesehen. Der Austausch zwischen den BPs und den MitarbeiterInnen kann durchaus informell beim Kaffeetratsch oder im Stiegenhaus erfolgen, ein „Tipp der Woche" ist genauso vorstellbar wie wöchentliche E-Mails mit positiven Gedanken. Auch bei dieser Frage wurden erneut der Zeitfaktor und das Führungskräfteverhalten in bereits beschriebener Manier zur Sprache gebracht. S 1 - MitarbeiterInnen würden auch Eigeninitiative der BGF - PartnerInnen schätzen: MitarbeiterInnen an richtige Bewegung, richtiges Hebe, gesunde Haltung und Ernährung erinnern, Schulungen in Anspruch nehmen, Verständnis für MitarbeiterInnen haben, persönliche Grenzen der MitarbeiterInnen beachten. Neben Empfehlungen für die Verbesserung der Gesundheit im Allgemeinen, werden auch spezifische Maßnahmen etwa zum Sitzen, Essen, Trinken geschätzt. Die S 1 - MitarbeiterInnen möchten auch selber Eigeninitiativen setzen und die BGF - PartnerInnen als Unterstützung heranziehen. In S 2 waren die Vorschläge zu sofortigen, gezielten Maßnahmen weniger konkret. Beachtenswert ist, dass erstmals Teambildungsmaßnahmen angesprochen werden: Förderungen zur Teamfähigkeit, gemeinsame Ausflüge machen, gemeinsame Pausen einführen, regelmäßiges Zusammentreffen, um Probleme zu besprechen, besserer Austausch zwischen den einzelnen Bereichen usw. Auch in S 2 wurden erneut die Führungskräfte Zeitfrage erwähnt. Als konkrete Projekte wurden Seminare zu Konfliktmanagement angeführt. Die Seminare sollten zu verschiedenen Zeitpunkten angeboten werden, damit für alle MA eine Teilnahme möglich ist. Im Zusammenhang mit dem leichten Druck, den man auf MitarbeiterInnen ausüben sollte, ist wohl auch der Wunsch nach einer verpflichtenden Seminarteilnahme pro im Jahr zu sehen. Wie in S 1 wurde auch in S 2 die Motivation der MitarbeiterInnen und ein regelmäßiges Informieren über das Projekt und seine Angebote als wichtige Maßnahme gesehen.

4.1.7 Detailergebnisse:

Gesamteinschätzung des Projekterfolges

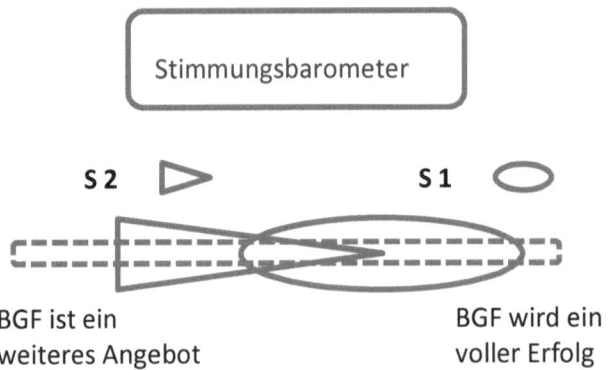

Alles in allem schätzen die S 1 MitarbeiterInnen den Erfolg des Projektes BGF viel positiver ein als ihre KollegInnen in S 2.

4.2 Einzelinterviews mit den BGF-PartnerInnen

4.2.1 Ausgangssituation und Zielbestimmung

Im Verlauf des BGF-Projekts entstand in der Projektsteuerungsgruppe die Idee, einerseits ProjektpartnerInnen zur Unterstützung der Steuerungsgruppe, zur Sicherung des Erfolgs und der Nachhaltigkeit des Projekts und als AnsprechpartnerInnen für die MitarbeiterInnen einzusetzen. Es wurden im Unternehmen ProjektpartnerInnen gesucht; diese wurden entweder von der Unternehmensführung auf Grund ihrer Stellung sowie besonderer Kompetenzen angesprochen oder sie konnten sich aus eigenem Interesse für diese Funktion bewerben. Die Hauptaufgaben der ProjektpartnerInnen sind unter anderem, dass sie für ihre Unternehmensbereiche als zentrale Anlaufstelle und Unterstützung für die MitarbeiterInnen zum Themenbereich BGF zur Verfügung stehen und deren besondere Bedürfnisse in den jeweiligen Arbeitsbereichen erheben, aufbauend darauf einen Maßnahmenplan erstellen und sich um die Umsetzung der Maßnahmen in ihrem Arbeitsbereich verantwortlich kümmern. Sie sind damit an der Entwicklung und Steuerung des gesamten Prozesses in erheblichem Maße beteiligt. Das Projektteam nimmt hingegen die Kontrollinstanz ein, dadurch ergibt sich für die ProjektpartnerInnen zusätzlich eine Art Vermittlerfunktion zwischen den MitarbeiterInnen und dem Projektteam.

Aufbauend auf diesen Entwicklungen ergaben sich innerhalb der Prozessevaluationsgruppe u.a. folgende Fragestellungen:

- Wie sehen / verstehen Sie Ihre Aufgabe?
- Was ist Ihnen wichtig?
- Was brauchen Sie, um Ihre Aufgabe erfüllen zu können?
- Welche Probleme können entstehen?
- Welche Informationen / Unterstützung benötigen Sie bzw. die MitarbeiterInnen für „Gesundheit am Arbeitsplatz"?

Derartige Fragen bildeten die Grundlage für die Gespräche mit den ProjektpartnerInnen, um ihre bisherigen Wahrnehmungen bezüglich des Projektes allgemein und ihrer Funktion und Rolle innerhalb des

Projekts zu erheben. Ein wesentlicher Schwerpunkt lag weiters auch darin festzustellen, welches methodische Fachwissen für die geplante Bedarfserhebung bei den ProjektpartnerInnen bereits vorhanden war bzw. ob bereits einige konkrete Ideen zur Bedarfserhebung angedacht hatten. Schließlich sollten in den Interviews auch etwaige Hürden in der Umsetzung thematisiert werden. Aufbauend auf diese Daten sollte, neben der Evaluation des Projektes, in einem weiteren Schritt den ProjektpartnerInnen ein standardisierter Fragebogen zur Verfügung gestellt werden, welcher als Grundlage zur Erhebung des Maßnahmenbedarfs unter den MitarbeiterInnen der Bereiche eingesetzt bzw. auch zur Errichtung einer Feedbackschleife dienen konnte. Dieser Schritt wurde jedoch aus Budgetgründen nicht realisiert.

4.2.2 Methodenwahl

Als Datenerhebungsmethode wurde ein qualitatives Design in Form von Einzelinterviews gewählt. Aufgrund der geringen Anzahl der Befragten eignete sich diese Methode besonders gut. So konnten möglichst umfassende Informationen zu den Themenbereichen der Interviews, die später noch detaillierter beschrieben werden, von den einzelnen ProjektpartnerInnen erfragt werden. Es konnte Rücksicht auf zielgruppenspezifische Bedürfnisse genommen werden und diese wurden im Gespräch konkret und ausführlich thematisiert.

<u>Vorbereitung für die Datenerhebung</u>

Die Genese unseres Leitfadens entwickelte sich aus den anfänglich durchgeführten Fokusgruppeninterviews, bei denen erste Einblicke in die Gefühlswelten der ProjektpartnerInnen bezüglich ihres Gesundheitsbewusstseins und ihrer Haltung gegenüber dem Projekt gesammelt wurden. Als weiterer Schritt in der Evaluation des Projekts sollten jene Informationen gesammelt werden, die Aufschluss über den Erfolg des Projekts geben sollten. Die Aufgabe bestand in der Befragung der nominierten ProjektpartnerInnen anhand stark strukturierter qualitativer Einzelinterviews. Als Unterstützung für die Durchführung der Einzelinterviews erstellte die Projektevaluationsgruppe einen strukturierten Interviewleitfaden, um gezielt die erwünschten Informationen zu erhalten. Mittels Brainstorming wurden die wesentlichen Schwerpunkte und Inhalte für die Einzelinterviews konkretisiert. Aufbauend auf einem Brainstorming wurden folgende Dimensionen festgelegt:

- Projekt/Gesundheit
- Rolle, Identifikation, Aufgabe
- Betriebliche Rahmenbedingungen der ProjektpartnerInnen
- MitarbeiterInnen: Kooperation/Koordination
- Inhalte/Methoden der Bedarfserhebung
- Erfolgskriterien/Nachhaltigkeit

Anschließend wurden für die jeweiligen Dimensionen in einem Leitfaden offene Fragen formuliert. Die Strukturierung der Dimensionen und der dazugehörigen Fragen erfolgte entlang der inhaltlichen Logik.

Erläuterungen zu den einzelnen Dimensionen

Die Dimension „Projekt/Gesundheit" diente als Einstieg in das Interview. Die interviewte Person sollte ihre Einstellung zum Thema Gesundheit allgemein sowie zur betrieblichen Gesundheitsförderung angeben.

Die Dimension „Rolle, Identifikation, Aufgabe" zielte auf die Wahrnehmung der zukünftigen Anforderungen und Aufgaben, die vom Unternehmen gestellten Erwartungen, die eigene Motivation und subjektiven Vorstellungen über die zukünftige Tätigkeit ab.

„Betriebliche Rahmenbedingungen der ProjektpartnerInnen" umfassten als Dimension die Erwartungen der ProjektpartnerInnen bezüglich Unterstützung von Seiten der Unternehmensleitung bzw. der Projektleitung, Kenntnis der AnsprechpartnerInnen bei Problemen und Fragen, Wahrnehmung und Einschätzung der Ressourcen sowie den Austausch mit anderen ProjektpartnerInnen.

Fragen zur Wahrnehmung der Einstellung von KollegInnen zur Betrieblichen Gesundheitsförderung, sowie Fragen zum Kontakt mit MitarbeiterInnen erfolgten in der Dimension „MitarbeiterInnen: Kooperation/Koordination".

Die Erfassung der Methodenkenntnisse der ProjektpartnerInnen, sowie deren Vorstellungen über die Bedarfserhebung sollten aus den

Antworten der Dimension „Inhalte/Methoden der Bedarfserhebung" hervorgehen.

Der Abschluss des Interviews bildet die Dimension „Erfolgskriterien/Nachhaltigkeit". Hier sollten die ProjektpartnerInnen ihre Gedanken zur Erreichung des Projekterfolges und den ihren dazu nötigen eigenverantwortlichen Beitrag thematisieren.

4.2.3 Durchführung der Einzelinterviews

Im Vorfeld wurden zentral Termine mit den ProjektpartnerInnen für die Einzelinterviews vereinbart. Aus Termingründen war es nicht möglich, mit allen ProjektpartnerInnen persönlich zu sprechen, daher wurden zwei Interviews telefonisch durchgeführt. Eines davon diente als Pretest für die weiteren Interviews. Dadurch konnten nach dessen Durchführung und nach der Besprechung in der Evaluationsgruppe noch kleine Änderungen an der Struktur des Leitfadens vorgenommen werden. Jeweils zwei Mitglieder der Projektevaluationsgruppe waren für eine/n ProjektpartnerIn verantwortlich. Als Unterstützung wurden bei allen Einzelinterviews elektronische Aufzeichnungsgeräte (z.B. Diktiergeräte oder MP3-Player) verwendet. Die Dauer der Einzelinterviews variierte zwischen 30 und 60 Minuten.

<u>Atmosphäre und Probleme bei den Interviews</u>

Die Atmosphäre war bei den meisten Einzelinterviews entspannt. Die ProjektpartnerInnen waren gesprächsbereit und offen für die Fragen der InterviewerInnen. Einige waren zu Beginn des Gespräches leicht von den Aufnahmegeräten irritiert. Die telefonischen Interviews wurden auf Grund des fehlenden persönlichen Kontaktes und der damit verbundenen fehlenden Wahrnehmungsmöglichkeit von Mimik und Gestik der Befragten, sowie akustischer Probleme, nicht als ideale Datenerhebungsmethode gesehen.

4.2.4 Datenerfassung

Im Anschluss an die Einzelinterviews erfolgte die Anfertigung von Postskripten, in welchen die situative Atmosphäre und die Besonderheiten der Einzelinterviews festgehalten wurden. Diese dienten in den weiteren Auswertungsschritten als Unterstützung. Weiters erfolgte die Transkription der auditiven Daten in eine schriftliche Form. Zur Vereinfachung dieser Transkription wurde eine spezielle Computersoftware verwendet.

4.2.5 Inhaltsanalyse nach Philipp Mayring

Bei der Datenanalyse orientierte sich die Projektevaluationsgruppe an der Vorgehensweise von Philipp Mayring, die einzelnen Schritte werden anschließend noch kurz beschrieben. Ein wesentlicher Bestandteil dieser Auswertungsform ist die Arbeit im Team, hier können Unklarheiten erkannt und diskutiert werden. Diese gegenseitige „Kontrolle" bietet den Vorteil, dass die Aussagen klar und nachvollziehbar sind und bleiben und die Intersubjektivität gewährleistet ist. Die Auswertung erfolgte in mehreren Arbeitsschritten, wobei bei jedem eine Datenreduktion entsprechend den klassischen methodischen Vorgaben erfolgte. Zu diesem Zweck wurde zunächst folgender Raster erstellt, der den Auswertungsvorgang übersichtlich und der Logik entsprechend gestaltet:

Interview Nr:	ProjektpartnerInnen	Unternehmensbereich:

Fragedimension:

INTERVIEW					REDUKTION		
S	Fund	Original		GENERALI-	Red	Zeilen	Reduktion
Zeilen	stellen	Text	PARA-	SIERUNG	NR	NR	Text
NR	NR		PHRASE				

Da die qualitative Analysemethode bereits ausführlich beschrieben wurde, werden hier nur mehr die einzelnen Arbeitsschritte kurz erläutert und Probleme, die in diesem Zusammenhang entstanden sind, diskutiert.

Paraphrasierung

Ausgehend vom Originaltext des Interviews ist der erste Schritt die Paraphrasierung. Es handelt sich hierbei um eine erste Zusammenfassung des Textes, der so in eine Inhalt tragende Sprache übersetzt und in eine grammatikalisch richtige Schriftform umgewandelt wird. Ziel ist, eine einheitliche Sprachebene zu erreichen. Es werden sprachliche Ausschmückungen weggelassen, allerdings dürfen dabei keine inhaltlichen Verluste entstehen (Mayring, 2003, S.62). Dieser Arbeitsschritt konnte überwiegend ohne besondere Schwierigkeiten von den einzelnen Arbeitseinheiten der Evaluierungsgruppe bewältigt werden.

Generalisierung

Der zweite Schritt ist die Generalisierung der Paraphrasen. Hier wird nicht mehr mit dem Originaltext gearbeitet, sondern bereits mit den Paraphrasen aus dem vorigen Arbeitsgang; dabei wird eine höhere Abstraktionsebene angestrebt und Wiederholungen werden nur einmal angeführt (vgl. Mayring, 2003, S.62). Da bereits mit den Paraphrasen aus dem vorigen Arbeitsgang gearbeitet wird, kann fallweise bei Verständnisproblemen ein Rückgriff auf den Originaltext hilfreich und notwendig sein. Auch in diesem Arbeitsschritt tauchten innerhalb der Arbeitsgruppen, die aus zwei Personen zusammengesetzt waren, keine nennenswerten Schwierigkeiten auf.

Reduktion

Unter Reduktion wird die Zusammenfassung der Generalisierungen verstanden. Es werden die wichtigsten Aussageinhalte kurz und bündig wiedergegeben, wobei immer die Verbindung zum Originaltext bestehen bleiben und dieser nachvollziehbar sein muss. Die Reduktion ist als klare, allgemein ableitbare Aussage (d.h. als Aussagesatz) zu verfassen, da sie sonst nicht kommunizierbar ist (vgl. Mayring, 2003, S.62). Bei Verständnisproblemen bzw. bei Unklarheiten der Reduktionen aus dem vorangegangenen Arbeitsschritt, wird auch hier der Originaltext als Unterstützung herangezogen. Weiters ist in diesem Arbeitsschritt darauf zu achten, dass kein Informationsgehalt verloren gehen darf. Nur so kann gewährleistet werden, dass die abstrakten Aussagen der Reduktionen inhaltlich auch tatsächlich mit den konkreten Aussagen aus dem Originalinterview übereinstimmen, denn das ist schlussendlich das Ziel der Reduktion. Dieser Arbeitsschritt bereitete in der Weise Probleme, dass häufig die Aussagen so stark reduziert wurden, dass diese zum Teil nur mehr für die Personen, aus der entsprechenden Arbeitseinheit logisch und nachvollziehbar waren, während sie für Dritte kaum noch Aussagekraft hatten. Ein entscheidender Punkt für die Entstehung dieses Phänomens war die intensive Arbeit der Arbeitseinheiten an den jeweiligen Einzelinterviews, die sie im Vorfeld durchgeführt hatten. Sie waren mit der Interviewsituation zum Zeitpunkt der Durchführung und mit dem Originaltext sehr vertraut, sodass sie den Inhalt gut reproduzieren konnten und somit nur wenige Stichwörter brauchten um zu wissen, worum es in dieser Phase des Gesprächs ging. Da aber auch andere Personen mit den Reduktionen weiterarbeiten mussten, die nicht mit dem Kontextwissen der einzelnen Arbeitseinheiten zu den entsprechenden Interviews ausgestattet waren, mussten in einem Zwischenschritt die Reduktionen auf Verständlichkeit und inhaltliche Genauigkeit überarbeitet werden.

Zusammenführung der Reduktionen

Aufbauend auf dem vorangegangenen Schema wurden die Reduktionen aller Einzelinterviews inhaltlich, den im Interviewleitfaden ersichtlichen Dimensionen, zugeordnet oder in zusätzlichen Dimensionen erfasst. Zu diesem Zweck wurden wieder Arbeitsgruppen gebildet, denen entsprechend die einzelnen Dimensionen des Leitfadens zugeteilt wurden. Sie waren dafür zuständig die „Reduktionen der Reduktionen" aller Einzelinterviews für ihre zugeteilte Dimension zu übernehmen, wobei eine Gruppe auch für jene Reduktionen zuständig war, die in den zusätzlichen Dimensionen erfasst wurden. Weiters wurden Reduktionswiederholungen nur einmal als Text angeführt und die Häufigkeit der Nennungen vermerkt. So war auf einen Blick ersichtlich, in welchen Bereichen welche Bedürfnisse, Wünsche, Probleme, Bedenken etc. thematisiert wurden. In einem letzten Auswertungsschritt fand die Kategorienbildung statt. Die Arbeitsgruppen bildeten zu den Reduktionen ihrer Dimension Kategorien, unter die inhaltlich zusammen gehörende Aussagen subsumiert wurden. Es entstand ein übersichtlicher Katalog, in dem alle Aussagen der ProjektpartnerInnen zusammengefasst wurden. Durch die Überschriften, die den Dimensionen des Leitfadens und den zusätzlichen Dimensionen entsprechen, war auf einen Blick ersichtlich, in welcher Dimension welche Themen diskutiert wurden. Die Zusammenfassung inhaltlich ähnlicher Aussagen unter entsprechende Kategorien, erleichterte dies zusätzlich.

4.2.6 Schwierigkeiten bei der Auswertung

Die einzelnen Analyseschritte konnten nicht immer reibungslos und widerspruchsfrei bearbeitet werden. Ein Problem war, dass Informationen im Reduktionsprozess teilweise inhaltlich stark reduziert bzw. keine vollständigen Sätze gebildet wurden. Dies machte eine mehrmalige Überarbeitung der Aussagen, die sich in der Analysephase der Reduktion ergaben, notwendig. Weiters ergaben sich Probleme bei der inhaltlichen Zuordnung der Reduktionen zu den Dimensionen, auch hier bedurfte es einer mehrmaligen Prüfung der zugeordneten Reduktionen. Zusammenfassend kann gesagt werden, dass diese Herausforderungen bezüglich der Datenreduktion, die häufig auch als Hindernisse empfunden wurden, ein wichtiger Bestandteil von qualitativen Forschungsmethoden sind. Erst durch die Zusammenarbeit mehrerer ForscherInnen, deren Verständnisfragen und Hinterfragen der Aussagen (Reduktionen) auf ihre inhaltliche Richtigkeit und die mehrmalige Überarbeitung dieser, kann Intersubjektivität gewährleistet werden. Es ist ein Merkmal und die besondere Stärke der qualitativen Forschung, dass mehrere Personen zusammen arbeiten und die Ergebnisse der einzelnen Arbeitsschritte gemeinsam diskutieren und falls notwendig korrigieren, das erfordert natürlich viel Zeit und Geduld, das Ergebnis ist aber in den meisten Fällen ein reicher Lohn für die Anstrengungen und Mühen.

4.2.7 Ergebnisse der Einzelinterviews
<u>Gesprächsleitfaden</u>
Aus dem Brainstorming wurden von der Projektgruppe schlussendlich sechs Fragedimensionen erarbeitet, die nach der Logik des Kontexts gereiht wurden und auf deren Basis dann die Reihenfolge der zu konstruierenden Fragen festgelegt wurde. Im Folgenden findet sich der vollständig ausgearbeitete Leitfaden, wobei die Dimensionen nochmals genauer beschrieben werden.

Einstig: Projekt / Gesundheit

Im Unternehmen X1X2 gibt es das Projekt BGF.
Sie sind als ProjektpartnerInnen direkt eingebunden.
Es geht um die betriebliche Gesundheitsförderung:

- Welchen Stellenwert hat Ihrer Einschätzung nach das Thema Gesundheit derzeit im Unternehmen?
- Welchen Stellenwert hat das Thema betriebliche Gesundheitsförderung als ProjektpartnerInnen für Sie persönlich?

Um einen Einstieg in das Thema Gesundheit zu schaffen, wurde die persönliche, sowie die betriebliche Haltung zur Gesundheitsförderung hinterfragt.

Rolle / Identifikation und Aufgabe

Sie haben mit Ihren KollegInnen am Workshop teilgenommen.

- Worin sehen Sie vor allem Ihre Aufgabe als ProjektpartnerInnen?
- Gibt es ein persönliches Anliegen; also etwas, was Ihnen persönlich sehr am Herzen liegt?
- Was glauben Sie, was wird von Ihnen erwartet? (vom Betrieb/von den KollegInnen)
- Haben Sie schon klare Vorstellungen darüber, was alles zu tun ist und haben Sie schon konkrete Pläne?

Um die Rolle des BP erheben zu können, wurde in dieser Dimension das Hauptaugenmerk auf das persönliche Anliegen und etwaige Möglichkeiten der Umsetzung abgefragt.

Betriebliche Rahmenbedingungen

- Welche Hilfestellungen erwarten Sie sich konkret vom Unternehmen bzw. vom Projektteam, um Ihre Aufgabe als ProjektpartnerInnen gut erledigen zu können?
- Wissen Sie, welche Hilfe Sie von wem/von welcher Stelle erhalten können?
- Wie schätzen Sie die Zeit/die Mittel ein?
  Sind diese für Sie ausreichend?
- Reichen die Unterlagen/Informationen?

Was brauchen Sie noch?

- In welcher Form/wie oft sollen sich Ihrer Meinung nach die ProjektpartnerInnen sich treffen bzw. austauschen können?

Mit dieser Dimension wurde versucht, die betriebliche Unterstützung gegenüber den BP zu erheben.

Mitarbeiter: Kooperation und Koordination

- Wie wird derzeit in der Kollegenschaft über das Projekt/über betriebliche Gesundheitsförderung gesprochen?
- Sind Sie schon als ProjektpartnerInnen an Ihre KollegInnen herangetreten?
- Wie erfahren Sie, was Ihren KollegInnen wichtig ist?
- Gibt es schon Überlegungen, wie Sie sich das Feedback Ihrer KollegInnen zu Projektmaßnahmen einholen werden?

Diese Dimension dient der Erhebung des Kommunikationsaustausches bezüglich der Kooperation und Koordination unter den BPs und deren Kollegenschaft.

Inhalte / Methoden der Bedarfserhebung

- Welche Methoden halten Sie am geeignetsten, um zu jenen Infos zu kommen, die für Ihren Job als ProjektpartnerInnen wichtig sind?
- Wollen Sie Fokusgruppen moderieren oder eine Umfrage mit Kurzfragebogen durchführen? Gibt es Ihrerseits schon Überlegungen dazu?
- Was wollen Sie von Ihren KollegInnen (unbedingt) wissen?
- Welche Informationen brauchen Sie von Ihren KollegInnen, um Ihre Aufgabe gut erledigen zu können?

Diese Fragen sollen Aufschluss über die Methodenwahl der BP und den erhofften Informationen geben.

Erfolgskriterien / Nachhaltigkeit

- Wovon glauben Sie, hängt der Erfolg des Projektes BGF letzten Endes tatsächlich ab? Fühlen Sie sich auch persönlich verantwortlich dafür, dass das Projekt erfolgreich wird?
- Was glauben Sie, können Sie in Ihrer Rolle als ProjektpartnerInnen zum Thema „Gesundheit im Betrieb" bewegen?

Um Informationen über die erfolgreiche Umsetzung und die persönlichen Motive der BP dahinter zu erfahren, wurden diese Fragen formuliert.

Ergebnisse zu den einzelnen Dimensionen

Die Ergebnisse dieser leitfadengestützten Interviews mit den BP werden nun zusammenschauend präsentiert.

Betriebliche Gesundheit und das Projekt BGF

(Forschungsfragen laut Gesprächsleitfaden)

Kategorien aus den Interviews:

- Das Projekt BGF allgemein
- Aspekte und Verständnis von Gesundheit im Betrieb
- Persönliche Einstellung zu Gesundheit

Die befragten BGF-PartnerInnen schätzen den Stellenwert des Themenbereichs „Gesundheit im Betrieb", das Projekt selbst und ihre persönliche Einstellung wie folgt ein:

Das Projekt BGF allgemein

Das Projekt BGF

- genießt grundsätzlich hohe Priorität beim Vorstand / bei Führungskräften
- ist bekannt und findet Zustimmung bei den MA
- wird sich generell positiv auswirken
- kann Eigenverantwortung und Engagement der MA fördern
- hat einen hohen Stellenwert im Unternehmen

Etwas Unsicherheit besteht hinsichtlich
- des Werdegangs des Projekts
- der Unterstützung / Förderung der Maßnahmen seitens einzelner Führungskräfte

Aspekte und Verständnis von Gesundheit im Betrieb
Nach Einschätzung der Befragten
- tragen die Angebote im Unternehmen zu Ernährung, Sport, Kultur viel zum Wohlergehen der MitarbeiterInnen bei
- zeigen die Zusatzangebote (zum Beispiel Freiwillige Zusatzkrankenversicherung), dass das Unternehmen das Thema Gesundheit ernst nimmt und guten Willen beweist
- beweisen viele bisherigen Maßnahmen, dass Gesundheit und Sport in X1X2 einen hohen Stellenwert haben
- soll sichergestellt sein, dass alle Projektmaßnahmen auch in der Arbeitszeit durchgeführt werden können
- kommt dem Thema Gesundheit eine immer größere Bedeutung zu, weil auch die Belastungen immer mehr und größer werden
- wächst das Bewusstsein der Führungskräfte, dass gesunde MA Voraussetzung für ein gesundes Geschäftsergebnis sind

Persönliche Einstellung zu Gesundheit u. Gesundheitsmaßnahmen
Für die Befragten
- hat Gesundheit persönlich einen hohen Stellenwert, der im Alter zunimmt
- ist die Sensibilisierung der MA für Gesundheitsthemen wichtig
- steigt die Akzeptanz von Gesundheitsmaßnahmen und die persönliche Aktivität (das persönliche Engagement), wenn MA oder Führungskräfte persönlich betroffen sind

Tabelle: Zuordnung der Unternehmensbereiche:

Aussagen	Unternehmens-bereich	Aussagen	Unternehmens-bereich
	1		7
	2		8
	3		9
	4		10
	5		11
	6		12

Ergebnisse und Aussagen der BPs im Detail:

Stellenwert des Projekts / Aussagen zum Projekt BGF
Hohe Priorität beim Vorstand (2, 6)
Positive Wirkung der Gesundheitstage (3)
Wirkt vorwiegend durch Seminarangebot (3)
Ist bekannt durch Internet und Gesundheitstage (3)
Unklarheit über Werdegang des Projekts (5)
Teilweise Skepsis der MA dem Projekt gegenüber (6)
Projekt ist bekannt; MA sind informiert (11)
Viel Interesse und Zustimmung seitens der MA (10)
Soll Bewusstseinsbildung schaffen (12)
Chef sieht Projekt nicht so wichtig wie die MA (12)
Problem: mangelnde Unterstützung durch Führungskräfte (12)
BGF hat persönlich hohen Stellenwert, Projekt ist sinnvoll (2, 5, 7)
Begeisterung seitens der MA (7)
Partner sind Stütze (nehmen Wünsche der MA entgegen) (12)

zum Thema Gesundheit im Betrieb /
Einschätzung Gesundheitsförderung
Betriebseinheitlicher Dienst (1)
Betriebsarzt (1)
Sicherheitsinspektor (1)
Gesundheitsthema vorleben (auch Führungskräfte) (8)

Angebote zu Ernährung, Sport, Kultur für MA ((12)
Freiwillige Zusatzkrankenversicherung (12)
Maßnahmen sollen in der Arbeitszeit durchgeführt werden (7)
hoher Stellenwert von Gesundheit und Sport in X1X2 (5, 8)
Gesundheit wird in Zukunft immer wichtiger werden (4, 6, 9)
Umsetzung des Themas Gesundheit ist schwierig (8)
Geschäftsführung ist daran interessiert, dass MA gesund sind (10)
Gesunde MA sind effektiver (10)
Bewusstsein, dass gesunde Mitarbeiter Voraussetzung für gutes Geschäftsergebnis sind, noch nicht in allen Firmenteilen vorhanden (9)
Gesundheit in der Abteilung wird bereits gefördert (9)
Thema Gesundheit in Entwicklung; muss verstärkt werden (9)
Thema Gesundheit seit Projektbeginn den Stellenwert im Unternehmen verdoppelt (10)

Aspekte des Gesundheitsverständnisses
Zeit haben (1)
Sport betreiben (1, 2)
Ernährung (1)
Maßregelung beim Essen (2)
Zufriedenheit (2)
Wohlfühlcharakter im Betrieb (9)

Persönliche Einstellung der BP zu Gesundheit
hoher Stellenwert von Gesundheit (2, 4, 6, 9, 10, 11)
im Alter sehr wichtig (2)
Sensibilisierung für Themen der Gesundheit vorhanden (5, 10)

Persönliche Betroffenheit
Eigene Gesundheit wird erst wahrgenommen, wenn Probleme auftreten, z.B. wenn Führungskraft in einer Abteilung von Gesundheitsproblem betroffen – Akzeptanz für Projekt ist höher (1, 10)

Zusammenfassung und Interpretation der wesentlichen Aussagen zur ersten Fragedimension:

Das Projekt BGF allgemein
Das Projekt BGF genießt grundsätzlich hohe Priorität beim Vorstand und bei den Führungskräften. Das Projekt ist bei den MA bekannt und findet auch Zustimmung. Weiters wird angenommen, dass sich das Projekt generell positiv auswirken wird. Es kann dazu beitragen, die Eigenverantwortung und das Engagement der MA zu fördern; ebenso hat es generell einen hohen Stellenwert im Unternehmen nach Meinung der Befragten – es besteht allerdings etwas Unsicherheit sowohl hinsichtlich des Werdegangs des Projekts als auch bei der Unterstützung der Maßnahmen seitens einzelner Führungskräfte.

Aspekte und Verständnis von Gesundheit im Betrieb
Nach Einschätzung der Befragten würden die Angebote im Unternehmen zu Ernährung, Sport und Kultur viel zum Wohlergehen der MitarbeiterInnen beitragen. Die Zusatzangebote wie beispielsweise, freiwillige Zusatzkrankenversicherung' zeigen, dass das Unternehmen das Thema Gesundheit ernst nimmt und guten Willen beweist. Bisher gesetzte Maßnahmen unterstreichen, dass Gesundheit und Sport in X1X2 einen hohen Stellenwert haben. Maßgeblich ist nach Meinung der Befragten, dass alle Projektmaßnahmen auch während der Arbeitszeit durchgeführt werden können. Sichtbar wird auch, dass aufgrund der immer größer werdenden Belastungen, dem Thema Gesundheit eine erhöhte Bedeutung zukommt. Ebenso wächst das Bewusstsein der Führungskräfte, dass gesunde MA Voraussetzung für ein gesundes Geschäftsergebnis sind.

Persönliche Einstellung zu Gesundheit und zu Gesundheitsmaßnahmen
Für die Befragten hat Gesundheit persönlich einen hohen Stellenwert, der im Alter zunimmt. Den BGF-Partnern ist eine Sensibilisierung der MA für Gesundheitsthemen durchaus wichtig. Es steigt die Akzeptanz von Gesundheitsmaßnahmen und die persönliche Aktivität bzw. das

persönliche Engagement, wenn MA oder Führungskräfte persönlich betroffen sind.

Rolle, Identifikation und Aufgaben
(Forschungsfragen laut Gesprächsleitfaden)
Kategorien aus den Interviews:
- Aufgabengebiete und Rolle der BP
- Nicht-Aufgabengebiet und Abgrenzung der BP
- Aufgabengebiete der Vorgesetzten
- Die Nominierung zum BP
- Persönliche Anliegen, Probleme und Befürchtungen
- Erwartungen an den BP
- Erwartungen, Herangehensweise und Pläne zur „Projektumsetzung"
- Bisherige Aktivitäten

Die befragten BGF-PartnerInnen schätzen ihre Rolle, Identifikation und Aufgaben wie folgt ein:

Aufgabengebiete und Rolle der BP
Die BGF-PartnerInnen sehen ihre Aufgaben vor allem darin:
- Vermittlerrolle, Informationsdrehscheibe zu sein
- Bewusstsein der MA in Sachen Gesundheit zu prägen und zu stärken
- AnsprechpartnerIn für MA und Motivatoren zu deren Eigeninitiative zu sein
- gesundheitsfördernde Maßnahmen in den Arbeitsprozess zu integrieren
- auf „schlummernde" Probleme aufmerksam zu machen
Die BGF-PartnerInnen erklären, dass
- sie in ihre Rolle erst hineinwachsen müssen
- es möglicherweise einen Rollenkonflikt zwischen dem Gesundheitsauftrag und dem Arbeitsauftrag gibt

- BGF-PartnerIn zu sein, einen zusätzlichen „Job" zu haben bedeutet

Nicht-Aufgabengebiet / Abgrenzung der BP
Die BGF-PartnerInnen wollen
- keinerlei persönliche Verantwortung für den Projekterfolg übernehmen
- keinerlei „Sprechtante" für allerlei Probleme der KollegInnen sein
- keinen gesundheitlichen „missionarischen" Aufgaben übernehmen

Aufgabengebiete der Vorgesetzten
Die BGF-PartnerInnen erwarten
- Motivation und Unterstützung vom Vorgesetzten
- Vorgaben und Hilfen bei der Ermittlung gesundheitsrelevanter Themen

Die Nominierung zum BP
Einige BGF-PartnerInnen wurden
- zur Übernahme dieser Funktion verpflichtet oder vom Chef gedrängt
- aufgrund des Interesses an Gesundheit und Sport nominiert
- durch Gespräche mit Abteilungs- und Gruppenleitern bestellt

Persönliche Anliegen, Probleme und Befürchtungen der BP
Die BGF-PartnerInnen
- hoffen, dass sich alle MA im Projekt wieder finden
- befürchten, dass ihre Aufgabe in der Doppelfunktion zu zeitaufwändig wird
- sehen die Schichtarbeit als große Herausforderung
- glauben, dass einige Führungskräfte fürchten, die Projekte kosten zu viel Zeit
- befürchten, dass es möglicherweise zu wenig Informationen gibt

Erwartungen an den BP

Die BGF-PartnerInnen meinen, dass
- die Erwartungen der MA an sie noch unklar sind
- die MA von ihnen aktive Mitarbeit und Teilnahme erwarten
- das Projekt die MA nicht von der Arbeit „abhalten" soll
- sie die MA auf verschiedene Projektangebote aufmerksam zu machen haben

Erwartungen, Herangehensweise
und Pläne zur „Projektumsetzung"

Die befragten BGF-PartnerInnen
- stellen fest, dass es seitens der MA bereits Ideen und Vorschläge gibt
- bestätigen dem Projektleiter gute und engagierte Arbeit
- wollen möglichst guten direkten Kontakt zu den MA
- wünschen sich koordinierten Projektablauf und Umsetzung gemeinsam mit den Abteilungsleitern
- wollen zusätzlich engagierte MA einbinden in Projektmaßnahmen
- finden zielgruppenspezifische Angebote und bedarfsgerechte Seminare passend

Bisherige Aktivitäten

Einige BGF-PartnerInnen bestätigen, dass
- die bisherigen Gesundheitstage und Seminare besucht wurden
- sie bisherige Maßnahmen und Schwerpunkte (Rücken, Kochen, Stress) gut finden
- es bereits abteilungsinterne „Gesundheitsspielregeln" gibt
- es bereits Kontakt zu MA im Zusammenhang mit dem Projekt gegeben hat
- bereits aktiv Ideenfindung mit Abteilungsleitern und Geschäftsführern zu diesem Projekt betrieben wurde

Wesentliche Ergebnisse und Aussagen der BPs im Detail:

Verständnis der Aufgabengebiete der BP
(in Klammer: Zahl der Unternehmensbereiche mit Nennung)
Vermittlerrolle, Weitergabe von Infos (7 UB)
Vermittlung zentral ausgearbeiteter Inhalte an MA (2 UB)
Infos an MA über Seminarangebote (3 UB)
Stärkung und Prägung des Bewusstseins zum
Thema Gesundheit (6 UB)
Ansprechperson für MA sein (4 UB)
Regelmäßige E-Mails zu Gesundheit und Fitness (3 UB)
Aufzeigen latenter Probleme (1 UB)
Kommunikation (1 UB)
Vorbild sein (2 UB)
Aufmerksam machen auf schlummernde Probleme (1 UB)
Muss zur Akzeptanz beitragen (1 UB)
Unbekannt (1 UB)
Integration von gesundheitsfördernden Maßnahmen
in den Arbeitsprozess (1 UB)
Anbieten von Alternativen (1 UB)
Motivation der MA für Seminarbesuche(1 UB)
Motivation der MA durch Materialien aus diversen Medien (1 UB)
Erhebung der Bedürfnisse der Mas (1 UB)
Mitarbeiterbefragung (1 UB)
Animation der MA zur Eigeninitiative (2 UB)
Mentale Stärkung der MA (1 UB)
Breites Aufgabengebiet (1 UB)
Situationsverbesserung der MA (1 UB)

Nicht Aufgabengebiet / Abgrenzung der BP
Keine Sprechtante (1 UB)
Keine Burnout- Gespräche führen (1 UB)
Keine Verantwortung für Projekterfolg (1 UB)
Nicht missionieren und predigen (1 UB)
Nicht für die Umsetzung der Impulse verantwortlich (1 UB)

MA brauchen Eigeninitiative (1 UB)
Keine Vorbildwirkung (1 UB)

Aufgabengebiete der Vorgesetzten
Motivation zur Eigeninitiative (1 UB)
Unterstützung (1 UB)
Was zu ermitteln ist (1 UB)

Rolle des BGF-Partners
Rolle als BP muss erst wachsen (2 UB)
Desinteresse an der Rolle des BP (1 UB)
Rollenkonflikt zwischen BP und Arbeit (1 UB)
Humoristisch, offenbar schlechter Ruf,
einer mit viel Zeit (1 UB)
Rechte Hand der Zentralfunktion (1 UB)
Großer Zuständigkeitsbereich (1 UB)
Identifizierung mit Rolle durch persönliches Anliegen (3UB)
BP zu sein ist ein Job (1 UB)
Persönliche Eignung wird in Frage gestellt (1 UB)
Bringt persönliche Vorteile (1 UB)

Persönliche Anliegen der BGF-Partner
Harmonie am Arbeitsplatz (1 UB)
Positive Atmosphäre schaffen (1 UB)
Bewegung und Sport (2 UB)
Jeder soll sich im Projekt wieder finden (1 UB)

Probleme, Befürchtungen der BGF-Partner
Zeitproblem (4 UB)
Andere Aufgaben im Betrieb sind wichtiger (1 UB)
Motivation aufgrund von Auswahlverfahren
zum BP niedrig (1 UB)
Schichtarbeiter sind größte Herausforderung (1 UB)
Kann nicht von ihren eigenen Bedürfnissen auf die
ihrer Kollegen schließen (1 UB)

Zu wenig Information (2 UB)
Seminarangebot nützt nichts (1 UB)
Zu viele Mitarbeiter kommen auf einen BP (1 UB)
Es gibt noch keinen Fragenkatalog (1 UB)
Zeitliche Belastung, Umsetzung ist schwierig (1 UB)
Führung: Arbeit könnte zu kurz kommen,
BP teilt dies nicht (1 UB)
Noch kein Kontakt zu Mitarbeitern (1 UB)

Ideen
Ideen für einzelne Bereiche stehen noch nicht fest (1 UB)
Anregung seitens der MA bereits vorhanden (1 UB)
Umsetzung gemeinsam mit Abteilungsleitung (1 UB)
Zurzeit gibt es viele Ideen, aber noch keine
konkreten Maßnahmen (1 UB)

Bisherige Aktivitäten
Gesundheitstagungen wurden besucht (1 UB)
Seminare zum Thema Gesundheit wurden absolviert (1 UB)
Blutspendenaktionen und Rückenvermessungen,
gesundes Kochen und Koordinationsgeräte
und einen Stressbewältigungsvortrag (1 UB)
Interne Spielregeln in Abteilung (1 UB)
Definition der Zielgruppen durch erstellte Landkarte (1 UB)
Kontakt zu einzelnen MA Sprechern hergestellt (1 UB)
Aktive Ideenfindung mit Abteilungsleiter
und Geschäftsführer (1 UB)

Maßnahmen zur betrieblichen Gesundheitsförderung
Nur bei Bedarf (1 UB)
Ablehnung von Obstkörben (1 UB)
Wünsche: Rückenmassage oder Rückenschule erfüllt (1 UB)
Entwicklung eines zielgruppenspezifischen Angebots (1 UB)
Organisation bedarfsgerechter Seminare (1 UB)
Arbeitsplatz erfordert weitere

gesundheitsfördernde Maßnahmen (1 UB)
Maßnahmen für psychisches und
physisches Wohlbefinden finden statt (1 UB)

Projektumsetzung
Wichtig: Ziele stecken; Projektstarts steht fest (1 UB)
Bringt persönliche Vorteile (1 UB)
Klare Vorstellungen bzw. konkrete Pläne
zum Start vorhanden (3 UB)
Treffen sind abhängig von Interesse der MA (1 UB)
Weiterarbeiten in Richtung Stress möglich (1 UB)
Maßnahmen bereits abteilungsintern umgesetzt (1 UB)
Koordinierter Projektablauf (1 UB)

Erwartungen an den BGF-Partner
Sind noch nicht sehr hoch (3 UB)
Unklar, keine Erwartungshaltung, nicht bekannt (3 UB)
Erste Erwartung von Chef erfüllt
Mitarbeit und Teilnahme,
keine Vernachlässigung des Projektes (1 UB)
Bereitstellung von Obstkörben (1 UB)
MA nicht von Arbeit abhalten (1 UB)
Projekt dem Unternehmen nicht vorziehen (1 UB)
Eher von den Mitarbeitern als von der Führungsebene (1 UB)
Nicht zu viel Wirbel mit Projekt machen (1 UB)
Mitarbeiter auf Projektangebote aufmerksam machen (1 UB)

Erwartungen an das Projekt
Vom Vorstand her hoch (1 UB)
Richtet sich von Unternehmensleitung an alle BP (1 UB)

Zusammenfassung und Interpretation
der wesentlichen Aussagen zur zweiten Fragedimension

Aufgabengebiete und Rolle der BP
Die BGF-PartnerInnen sehen ihre Aufgaben vor allem darin, Vermittlerrolle zu spielen und Informationsdrehscheibe zu sein. Folglich sollten sie das Bewusstsein der MA in Sachen Gesundheit prägen und stärken. BP sind AnsprechpartnerIn für MA und Motivatoren zu deren Eigeninitiative. Ebenso wollen sie gesundheitsfördernde Maßnahmen in den Arbeitsprozess integrieren und auf „schlummernde" Probleme im Betrieb aufmerksam machen.

Die BGF-PartnerInnen erklären, dass sie in ihre Rolle erst hineinwachsen müssen und es möglicherweise einen Rollenkonflikt zwischen dem Gesundheitsauftrag und dem Arbeitsauftrag gibt. BGF-PartnerIn zu sein ist, wie wenn man einen zusätzlichen „Job" hat.

Nicht Aufgabengebiet / Abgrenzung der BP
Die BGF-PartnerInnen wollen keinerlei persönliche Verantwortung für den Projekterfolg übernehmen, keine „Sprechstelle" für allerlei Probleme der KollegInnen sein sowie keine gesundheitlichen „missionarischen" Aufgaben übernehmen.

Aufgabengebiete der Vorgesetzten
Die BGF-PartnerInnen erwarten Motivation und Unterstützung vom Vorgesetzten, sowie Vorgaben und Hilfen bei der Ermittlung gesundheitsrelevanter Themen.

Die Nominierung zum BP
Einige BGF-PartnerInnen wurden zur Übernahme dieser Funktion verpflichtet oder vom Chef gedrängt. Andere wurden aufgrund des Interesses an Gesundheit und Sport nominiert oder durch Gespräche mit Abteilungs- und Gruppenleitern bestellt.

Persönliche Anliegen, Probleme und Befürchtungen der BP
Die BGF-PartnerInnen hoffen, dass sich alle MA im Projekt wiederfinden, befürchten aber, dass ihre Aufgabe in der Doppelfunktion zu zeitaufwändig wird. Sie sehen die Schichtarbeit als große Herausforderung

und glauben, dass einige Führungskräfte befürchten, dass die Gesundheitsprojekte zu viel Zeit in Anspruch nehmen. Sie befürchten auch, dass möglicherweise zu wenig Information bereitgestellt wird.

Erwartungen an den BP
Die BGF-PartnerInnen vermuten, dass die Erwartungen der MA an sie noch unklar sind. Sie nehmen an, dass die MA von ihnen aktive Mitarbeit und Teilnahme erwarten. Sie kommentieren, dass das Projekt die MA nicht von der Arbeit „abhalten" soll. Ihre Leistung soll auch darin bestehen, dass sie die MA auf verschiedene Projektangebote aufmerksam machen sollen.

Erwartungen, Herangehensweise und Pläne zur „Projektumsetzung"
Die befragten BGF-PartnerInnen stellen fest, dass es seitens der MA bereits Ideen und Vorschläge gibt. Sie bestätigen, dass die Projektleitung gute und engagierte Arbeit leistet. Sie fordern möglichst guten direkten Kontakt zu den MA und wünschen sich einen koordinierten Projektablauf und eine gemeinsame Umsetzung mit den Abteilungsleitern. Sie wollen zusätzlich engagierte MA in die Projektmaßnahmen einbinden und finden zielgruppenspezifische Angebote und bedarfsgerechte Seminare am passendsten.

Bisherige Aktivitäten
Einige BGF-PartnerInnen bestätigen, dass die bisherigen Gesundheitstage und Seminare besucht wurden. Die bisherigen Maßnahmen und Schwerpunkte (Rücken, Kochen, Stress) werden für gut empfunden. Es existieren bereits abteilungsinterne „Gesundheitsspielregeln". Sie bestätigen weiter, dass es bereits Kontakt zu MA im Zusammenhang mit dem Projekt gegeben hat und bereits aktiv Ideenfindung mit Abteilungsleitern und Geschäftsführern zu diesem Projekt betrieben wurde.

<u>Die betrieblichen Rahmenbedingungen des Projekts</u>
Kategorien aus den Interviews:
- Erwartung: Unterstützung vom Unternehmen / vom Projektteam

- Einschätzung des Zeitaufwands der BP für das Projekt
- Einschätzung der Mittel und des Informationsstands
- Vorstellungen hinsichtlich Meetings der BP
- Hürden in der Projektumsetzung
- Derzeitiger Projektentwicklungsstand / Projekteinschätzung

Die Befragten schätzen die betrieblichen Rahmenbedingungen des Projekts wie folgt ein:

Erwartung: Unterstützung vom Unternehmen/Projektteam

Die befragten BGF-PartnerInnen

- erwarten sich Unterstützung von den Vorgesetzten und von der Projektleitung
- wünschen sich Informationen und konkrete Vorschläge von der Projektleitung
- hoffen, dass sich auch die Geschäftsführer mit dem Projekt identifizieren
- erwarten koordiniertes Vorgehen; ausgearbeitete Seminarangebote bzw. Maßnahmen
- wünschen sich verstärkt den Projektleiter als Informationsdrehscheibe

Einschätzung des Zeitaufwands der BP für das Projekt

Die BGF-PartnerInnen meinen, dass

- die benötigten Zeitressourcen für das Projekt zu knapp bemessen sind
- die benötigte Zeit auch entsprechend realistisch bewertet wird
- der Erfolg auch davon abhängt, wie viel Zeit tatsächlich investiert werden kann
- ihre Aufgabe wegen geringer Zeitressourcen eventuell an Stellenwert verlieren könnte
- es bezüglich des tatsächlichen Zeitaufwands noch Unsicherheiten gibt

Einschätzung der Mittel und des Informationsstands
Die BGF-PartnerInnen

- haben noch wenig Informationen, welche Mittel tatsächlich zur Verfügung stehen
- sind unsicher, welche Maßnahmen in welchem Ausmaß tatsächlich gefördert werden
- sind zum Teil ausreichend informiert und schätzen die Informationen ausreichend ein
- sind zum Teil nicht genügend informiert und wünschen sich entsprechende Einbindung auch der Führungsebene in die Informationsschiene zum Projekt

Vorstellungen hinsichtlich Meetings der BP
Die BGF-PartnerInnen

- wünschen sich regelmäßige (bereichsspezifische) Treffen zum Erfahrungs- und Ideenaustausch
- hoffen, dass es zu keiner Isolierung einzelner BP kommt
- beklagen zum Teil, dass es derzeit zu wenige Kontakte zwischen den BP gibt
- erwarten, dass die Treffen in der Arbeitszeit stattfinden

Hürden in der Projektumsetzung
Die BGF-PartnerInnen nennen als größte Hürden:

- bisher fehlende konkrete Vorgaben
- die Schwierigkeit, alle Bereiche von Gesundheit persönlich gleichzeitig und kompetent abdecken zu müssen
- bisherige unterschiedliche Prioritätensetzung in der betrieblichen Gesundheitsförderung
- immer knapper werdende Zeitressourcen durch Personalabbau
- fehlende oder mangelhafte Kommunikation unter den BP und der Führungsetage
- neue Umstrukturierung und die damit verbundene hohe Arbeitsbelastung
- Arbeitsumfang und Zeitdruck werden durch Projektmitarbeit eventuell größer

- Unterschiedliche Anzahl zu betreuender MA pro BP
- die Tatsache, dass mehrere Projekte gleichzeitig laufen / zu betreuen sind
- das Projekt darf nicht auf „Events" reduziert werden – die Maßnahmen müssen langfristig Wirkung erzielen
- Unsicherheiten im Umgang mit nicht kooperativen MA
- mangelnde Unterstützung durch die Führungskräfte

<u>Derzeitiger Projektentwicklungsstand / Projekteinschätzung</u>
Die BGF-PartnerInnen
- sehen den Projektnutzen für MA und Vorgesetzte bzw. für das ganze Unternehmen deutlich, wenn, die ganze Abteilung hinter dem Projekt steht und in den Abteilungen gemeinsam Ideenfindung für passende Maßnahmen betrieben wird
- befürchten zugleich, dass aufgrund des Zeitdrucks der Projektnutzen bzw. der Stellenwert des Projekts leidet
- schätzen das Projekt BGF durch entsprechendes Marketing bekannter ein als andere hauseigene Projekte und wissen um die Bedeutung gesunder MA für den Unternehmenserfolg

Ergebnisse und Aussagen der BPs im Detail
<u>Erwartung: Unterstützung vom Unternehmen/Projektteam:</u>
(in Klammer: Zahl der Unternehmensbereiche mit Nennung)

Unterstützung erwartet von:
Chef (da dieser über Mittel für das Projekt verfügt und weil Vertrauen zw. MA u Chef besteht) (1 UB)
Projektleitung (soll Expertise sein) (1 UB)

Unterstützung erwartet/erwünscht bei/durch:
Datenerhebung (2 UB)
Externe Seminarangebote (2 UB)
Maßnahmenerarbeitung durch Projektleitung (1 UB)

Terminvereinbarung von Treffen mit anderen BPs durch Projektleitung (3 UB)
Konkrete Vorschläge von Projektleitung (3 UB)
Kontrolle des Maßnahmenverlaufs und Projektverlaufs durch Projektleitung (3 UB)
Finanzielle Mittel (1 UB)
Abdeckung der Veranstaltungskosten (1 UB)
Fragebogenerstellung (durch Projektleitung) (1 UB)
Mehr Infos von der Projektleitung (1 UB)
Weniger Leistungsdruck (1 UB)
Identifikation der Führung mit dem Projekt (2 UB)
Projektleitung soll FK bewusst machen, dass deren Unterstützung wichtig für MA ist um ohne schlechtes Gewissen an Projektmaßnahmen teilzunehmen (1 UB)
nicht zu viele MA an Maßnahmen teilnehmen lassen (1 UB)
Abteilungsleiter: sollen MA nicht von Projektmaßnahmenteilnahme abhalten (1 UB)

Unterstützung erwartet aufgrund von:
Eigenem Zeitmangel (2 UB)

Arbeitserleichterung für BPs durch:
Finanzielle Transparenz der Projektleitung (1 UB)
BP braucht sich nicht aktiv um Unterstützung zu kümmern. Unterstützung muss automatisch vom Projektteam kommen (1 UB)

<u>Wissen um Unterstützung von Stellen</u>
Projektleitung als Unterstützung bekannt, stellt Infos zur Verfügung, löst Probleme (6 UB)
Projektleitung leistet gute Arbeit, engagiert sich (3 UB)
Unterstützung von Seiten der Projektleitung durch Absprache mit den BP möglich (1 UB)
BP wissen über die Mitwirkung von außen Bescheid (2 UB)
Projektleiter vermittelt Infos an Betriebsrat und Vorstand; ist Informationsdrehscheibe (1 UB)

Mittelsmänner in den einzelnen Bereichen unterstützen BP und liefern Überblick über Befinden der MA (1 UB)

Einschätzung der Zeit der BP für das Projekt

Wissen um vorgegebene Zeitressource von 5 Stunden/Monat bei den BP bekannt (1 UB)

Benötigte Zeitressourcen sind abhängig von der Intensität des Projekts (1 UB)

Zeitressourcen sind gesichert (1 UB)

Zeit für das Projekt ist zu knapp bemessen, um die Betreuung der MitarbeiterInnen ernsthaft wahrnehmen zu können; etwas mehr Zeit erwünscht (4 UB)

zur Verfügung gestellte Zeit für das Projekt ist zwar knapp bemessen, Zeitvorgabe ist aber kein Problem, weil keine Pflicht zum Kontieren (1 UB)

Unsicherheit bei den Zeitressourcen (1 UB)

Je mehr Zeitressourcen, desto bessere Projektumsetzung (1 UB)

BP zu sein ist wegen Zeitmangel eine Zusatzaufgabe mit geringem Stellenwert (1 UB)

In letzter Zeit hatte BP kaum Zeitaufwand für Projekt (1 UB)

Einschätzung der Mittel

externe Unterstützung sichert das benötigte Budget (1 UB)

finanzielle Mittel sind eingeschränkt (1 UB)

mangelndes, unklares Wissen über finanzielle Mittel für Projekt (2 UB)

Der Weg der finanziellen Unterstützung durch das Unternehmen ist unklar (1 UB)

vorhandene Mittel werden von oberer Führungsetage verbraucht (1 UB)

Geplante (zur Verfügung gestellte) Ressourcen reichen (2 UB)

Derzeit vorhandene Mittel viel zu wenig (1 UB)

Räume für Treffen zwischen den BP sind vorhanden (1 UB)

Budgetierung der Maßnahmen wichtig, Budgetplan würde Arbeit erleichtern (1 UB)

Bauliche Einrichtungen sind nötig, Räume fehlen

Finanzielle Mittel aus dem Projekt sind für Abteilungsführung willkommen, aber keine Grundvoraussetzung für gemeinsame Maßnahmen im Bereich Gesundheitsförderung. BGF-Maßnahmen würden auch ohne Projekt gesetzt werden. (1 UB)
Mittel knapp, reichen aber bei effektivem Einsatz und einer guten Koordination des Mittelverbrauchs zwischen den einzelnen Abteilungen gut aus (1 UB)
Kein Wissen über Mittel und Ziele vorhanden (1 UB)

Benötigte Infos/Mittel ausreichend? Zusatz nötig?
Unterlagen und Infos für BP ausreichend und breit gestreut (5 UB)
Abteilungen gut informiert (1 UB)
Zusätzliche Infos erwartet (1 UB)
Unsicherheit, ob Infos von den Führungskräften ausreichen (1 UB)
Kein gutes Infomaterial bekannt (1 UB)
Anzweiflung von Sinnhaftigkeit des Materials (1 UB)
Die Entwicklung des Informationsflusses innerhalb des Unternehmens kann Jahre dauern (1 UB)
Es gibt nur unzureichende Infos von der Führungsebene an die BP
Infoweitergabe findet noch nicht statt (1 UB)

BGF-PartnerInnen-Treffen
regelmäßige BP-Treffen wichtig und erwünscht zum Erfahrungs- und Ideenaustausch (7 UB)
Treffen 2-3 mal pro Jahr (1 UB)
Treffen 1-2 mal pro Monat (für 1-2 Std.) (1 UB)
Treffen alle 2 Monate für 2-3 Std. (2 UB)
Treffen 1 mal pro Monat (1 UB)
Treffen in gewissen Zeitabständen erwünscht (7 UB)
Es soll zu keiner Isolierung einzelner BP kommen (1 UB)
zu wenige und fehlende Kontakte der BP untereinander (2 UB)
aufgrund unterschiedlicher Zugangsweisen zum Projekt je Bereich sind Treffen/Austausch wenig sinnvoll (1 UB)
BP-Treffen nicht notwendig, nur Zeitverschwendung. Workshop hat Grundlage geschaffen – es weiß jeder was zu tun ist. (1 UB)

Es bleibt wenig Zeit für ein Treffen mit anderen BP (1 UB)
Treffen sollen während der Arbeitszeit stattfinden (1 UB)
Räume für Treffen zwischen den BP sind vorhanden (1 UB)
Gibt derzeit noch keine konkreten Termine für BP-Treffen. Derzeit ist
Kantine Sammeltreff für Gespräche und Austausch der BP (1 UB)

Hürden in Projektumsetzung
fehlender Startschuss, fehlende konkrete Vorgaben (1 UB)
Schwierig für BP, Schwerpunkte Gesundheit, Ernährung und Bewegung
gleichzeitig abzudecken (1 UB)
Tätigkeitsbereich der MA sehr breit gefächert (Bürotätigkeit-
Außendienst) (1 UB)
Momentan keine Hürden (2 UB)
Projektumsetzungshürden aufgrund unterschiedlicher Prioritätenset-
zung in der BGF (1 UB)
Größte Hürde: Zeitressourcen durch Personalabbau (2 UB)
Langer Informationsweg von Führungsetage bis zu BP (1 UB)
Kein Austausch der BP beim Einstiegskurs (1 UB)
Fehlende, mangelhafte Kommunikation unter den EBP und der Füh-
rungsetage; Projekt erfährt zu wenig Beachtung (1 UB)
Direkte Infos nur über Projektleitung (1 UB)
Zeitliche und finanzielle Ressourcen zu wenig konkretisiert (1 UB)
Erneute Umstrukturierung erhöht Arbeitsbelastung (3 UB)
Zu wenig Zeit für Treffen der BP (1 UB)
Flexible Dienstzeiten: nur Vorteile für AG, nicht für AN (1 UB)
Arbeitsumfang und Zeitdruck durch Projekt BGF größer (1 UB)
Zu große Arbeitsbelastung (1 UB)
Zwangsverpflichtung einiger BP durch Gesellschaften (1 UB)
MA sind sehr verstreut und für BP schwierig zu erreichen (1 UB)
Unsicherheit, ob eine Chefs hinter dem Projekt stehen (1 UB)
Hürden: große Anzahl der MA pro EP und richtige bzw. nützliche Maß-
nahmen mit begrenzten Mitteln umzusetzen (1 UB)
Wirtschaftliche Aspekte stehen derzeit im Unternehmen im Vorder-
grund (1 UB)

Schwierigkeit in der Beantwortung der Fragen: Wann wird was gemacht und decken sich die Maßnahmenideen mit denen der Geschäftsleitung? (1 UB)

Zusätzliche Beschäftigung der MA u GF mit Gesundheitsthemen (zeitliche Belastung durch das Projekt) stoßen oft auf Unverständnis (1 UB)

Es laufen mehrere Projekte gleichzeitig; Mehrfachbelastung der Gruppenleiter (1 UB)

Hoher bürokratischer Aufwand bei Projekten, obwohl BGF auch ohne Projekt funktionieren würde (1 UB)

Geschäftsführung ist Hürde; Bewusstsein der Wichtigkeit und Notwendigkeit des Projekts muss bei GF erst noch reifen (1 UB)

GF sind nicht sicher, ob Projekt bei Vorstand in der Breite getragen wird, in der es initiiert wurde (1 UB)

Bewusstsein, dass gesunde MA Voraussetzung für gutes Geschäftsergebnis sind, ist in manchen Teilen der Firma noch nicht manifestiert (1 UB)

Herangehensweise der BP an das Projekt
(persönliches Engagement, Vorstellung von Projektumsetzung)
teilweise fehlen konkrete Vorstellungen (1 UB)

Projektleitung leistet gute Arbeit, engagiert sich (2 UB)

Gespräche als Möglichkeit für die Zusammenarbeit der BP (1 UB)

Anliegen werden mit Gruppenleiter besprochen (1 UB)

Andere Partner an eigener Arbeit beteiligen (1 UB)

Maßnahmen anbieten und Inanspruchnahme prüfen (1 UB)

Neue Geschäftsbereiche brauchen Zeit zum Einarbeiten, erst danach neue Aufgaben hinzufügen (1 UB)

BGF entsteht durch langfristige Veränderungen im Betrieb (1 UB)

Direkter Kontakt mit MitarbeiterInnen wichtig, persönliche Gespräche mit MA vor Ort (1 UB)

BP geht Projekt langsam an (1 UB)

großes Projektengagement des BPs auch ohne das Budget übermäßig zu beanspruchen (1 UB)

BP braucht sich nicht aktiv um Unterstützung zu kümmern. Unterstützung muss automatisch vom Projektteam kommen (1 UB)

Projekt im Betrieb, derzeitiger Projektentwicklungsstand
langsames Anlaufen des Projekts (1 UB)
Chef ist dem Projekt gegenüber aufgeschlossen (1 UB)
Unternehmen fördert Projekt (1 UB)
Projekt hat geringen Stellenwert aufgrund von Zeitdruck (1 UB)
Projektnutzen für alle MA und Chefs, wenn ganze Abteilung hinter
dem Projekt steht (1 UB)
Aktive Ideenfindung in der Abteilung bezüglich Projektmaßnahmen
wird betrieben. Abteilungsleiter und Geschäftsführer sind dabei (1 UB)
BPs befinden sich noch in der Erhebungsphase. Weitere, konkrete
Fragestellungen wurden noch nicht bearbeitet (1 UB)
Die letzten Monate hatte BP kaum Zeit für Projekt (1 UB)
BGF-Projekt durch Marketing bekannter als andere Projekte (1 UB)
Projekt ist offen und flexibel (1 UB)
Positiv: Dezentralisierung und BP in allen Bereichen (1 UB)
Gute Arbeitsbedingungen im Unternehmensbereich bereits vorhan-
den, wenige Verbesserungen notwendig (1 UB)
Betrieb profitiert von gesunden MA (1 UB)
Zusammenfassung und Interpretation der wesentlichen Aussagen zur
dritten Fragedimension:

Erwartung: Unterstützung vom Unternehmen/Projektteam
Die befragten BGF-PartnerInnen erwarten sich Unterstützung von den
Vorgesetzten und von der Projektleitung und wünschen sich Informationen und konkrete Vorschläge von der Projektleitung. Sie hoffen,
dass sich auch die Geschäftsführer mit dem Projekt identifizieren. Sie
erwarten sich koordiniertes Vorgehen, ausgearbeitete Seminarangebote bzw. Maßnahmen und wünschen sich verstärkt den Projektleiter
als Informationsdrehscheibe.

Einschätzung des Zeitaufwands der BP für das Projekt
Die BGF-PartnerInnen meinen, dass die benötigten Zeitressourcen für
das Projekt zu knapp bemessen sind. Die benötigte Zeit wird entsprechend realistisch bewertet, denn der Erfolg hängt auch davon ab, wie
viel Zeit tatsächlich investiert werden kann. Ihre Aufgabe könnte we-

gen geringer Zeitressourcen eventuell an Stellenwert verlieren. Bezüglich des tatsächlichen Zeitaufwands gibt es noch Unsicherheiten.

Einschätzung der Mittel und des Informationsstands
Die BGF-PartnerInnen haben noch wenige Informationen über die Mittel, die tatsächlich zur Verfügung stehen. Sie sind unsicher, welche Maßnahmen in welchem Ausmaß tatsächlich gefördert werden. Einerseits sind sie ausreichend informiert und schätzen die Informationen als genügend ein, andererseits sind sie teilweise ungenügend informiert und wünschen sich dementsprechende Einbindung auch der Führungsebene in die Informationsschiene zum Projekt.

Vorstellungen hinsichtlich Meetings der BP
Die BGF-PartnerInnen wünschen sich regelmäßige, aber stets bereichsspezifische Treffen zum Erfahrungs- und Ideenaustausch. Sie hoffen, dass es zu keiner Isolierung einzelner BP kommt. Zum Teil beklagen sie sich, dass es derzeit zu wenige Kontakte zwischen den BP gibt. Sie erwarten auch, dass die Treffen in der Arbeitszeit stattfinden.

Hürden in der Projektumsetzung
Als größte Hürden nennen die BGF-PartnerInnen die bisher fehlenden konkreten Vorgaben von Seiten der Projektverantwortlichen. Sie sehen vor allem eine Schwierigkeit darin, alle Bereiche von Gesundheit individuell, gleichzeitig und kompetent abdecken zu müssen. Ein weiteres Problem stellen die bisherigen unterschiedlichen Prioritätensetzungen in der betrieblichen Gesundheitsförderung dar. Auch die immer knapper werdenden Zeitressourcen durch Personalabbau und fehlende oder mangelhafte Kommunikation unter den BP und der Führungsetage werden als Hürden betrachtet. Durch die neue Umstrukturierung entsteht eine damit verbundene höhere Arbeitsbelastung. Der Arbeitsumfang und der Zeitdruck könnten durch die Projektmitarbeit eventuell größer werden. Ebenso wird die unterschiedliche Anzahl der zu betreuenden MA pro BP als problematisch empfunden. Auch die Tatsache, dass mehrere Projekte gleichzeitig laufen bzw. zu betreuen sind scheint ein Hindernis zu sein. Das Projekt darf nicht

auf „Events" reduziert werden, da die Maßnahmen langfristige Wirkungen erzielen sollen. Die BPs erwähnen Unsicherheiten im Umgang mit nicht kooperativen MA und mangelnde Unterstützung durch die Führungskräfte.

Derzeitiger Projektentwicklungsstand und Projekteinschätzung
Die BGF-PartnerInnen sehen den Projektnutzen für MA und Vorgesetzte bzw. für das ganze Unternehmen deutlich, wenn die ganze Abteilung hinter dem Projekt steht und in den Abteilungen gemeinsam Ideenfindung für passende Maßnahmen betrieben wird. Sie befürchten aber zugleich, dass aufgrund des Zeitdrucks der Projektnutzen bzw. der Stellenwert des Projekts leidet.

<u>Projektkoordination und Kooperation mit MitarbeiterInnen</u>

Kategorien aus den Interviews:
- Kommunikation und Information über das Projekt
- Kommunikation und Kontakte zwischen MA und BP
- Überlegungen zu Formen des Feedbacks zu den Projektmaßnahmen
- Einschätzung der Akzeptanz des Projekts bei den MA

Die befragten BGF-PartnerInnen schätzen die Projektkoordination und Kooperation mit MitarbeiterInnen wie folgt ein:

<u>Kommunikation und Information über das Projekt</u>
Die BGF-PartnerInnen berichten
- dass es positive Stellungnahmen seitens der MA gibt
- dass es unterschiedlichen Informationsstand bei den MA gibt
- dass es in bestimmten Abteilungen schon regen Informationsaustausch gibt
- dass das Projekt auf großes Interesse stößt
- dass das Intranet nicht die beste Informationsplattform darstellt, weil es nicht bei allen MA gleichermaßen verwendet wird

Kommunikation und Kontakte zwischen MA und BP
Die BGF-PartnerInnen

- sind den MA durchwegs bekannt und haben bislang Einzelgespräche mit MA geführt;
- finden, dass es manchmal schwierig ist, das Thema Gesundheit anzusprechen
- halten Einzelgespräche vor Ort über Gesundheit für bedeutend; das Tagesgeschäft lässt aber häufig wenig Platz dafür
- sagen, dass es umso schwieriger ist, diese Gespräche zu führen, je größer die Anzahl der zu betreuenden MA ist
- begrüßen es, wenn sich engagierte MA freiwillig in das Projekt einbringen und glauben, dass MA mit persönlichen Qualifikationen und Interessen im Gesundheitsbereich eine wertvolle Ressource darstellen – dazu werden allerdings auch besondere Regelungen als notwendig erachtet

Überlegungen zu Formen des Feedbacks zu den Maßnahmen
Die BGF-PartnerInnen

- erhoffen sich durch persönliche Kontakte und Feedback von anderen Mitwirkenden / KollegInnen mehr Informationen und Sicherheiten im Projektgeschehen
- erwarten regelmäßige Informationen und Feedbacks über Projektmaßnahmen
  (auch über E-mail möglich)
- sehen die Projektleitung als wichtige Koordinationsstelle für Feedbackprozesse
- machen die Bedeutung der Feedbackprozesse vom Stellenwert der einzelnen Maßnahme abhängig
- sehen im Austausch mit vertrauten MA eine wichtige Feedbackmöglichkeit

<u>Einschätzung der Akzeptanz des Projekts bei den MA</u>
Einige BGF-PartnerInnen

- glauben, dass es schwierig sein wird, bei MA Gesundheitsbewusstsein zu schaffen, weil ihrer Meinung nach der persönlichen Verantwortung und Eigeninitiative ein hoher
Stellenwert zukommt
- glauben, dass Engagement und Begeisterung für Projekte
immer auch von engagierten MA abhängig ist
- berichten, dass es schon vereinzelt gesundheitliche Anfragen seitens der MA gegeben hat
- schätzen das Projekt so ein, dass es zum ständigen und alltäglichen Begleiter im Unternehmensalltag werden kann –
dazu müssen aber noch Anstrengungen unternommen
werden, um die Akzeptanz bei möglichst vielen MA zu erhöhen

Ergebnisse und Aussagen der BGF-PartnerInnen im Detail

<u>Kommunikation BGF- Projekt</u>
Positive Kommunikation über das Projekt / über BGF allgemein (2 UB)
MA-Gespräche über Projekt sind scherzhaft (1 UB)
Im zweiten Werk wird es über die MA-Zeitung publiziert (1 UB)
MA Zeitung hat MA über die Partner informiert (1 UB)
Da es noch keine offizielle Bekanntgabe der BP durch die Geschäfts-
führung gegeben hat, besteht ein unterschiedlicher Infostand bei MA,
dadurch finden wenige Gespräche zum Thema Gesundheit bei den MA
statt (1 UB)
Es geschieht wenig Kommunikation innerhalb des Unternehmens über
das Projekt bzw. BGF allgemein (1 UB)
Es findet ein reger Info-Austausch in der Abteilung statt (1 UB)
Per aktuellem News-Letter und News-Board werden die MA über ak-
tuelle Themen informiert (1 UB)
Das Intranet bietet den MA eine News-Seite mit eigenem News-
Bereich (1 UB)

Kommunikation zw. MA und BP
Bisher nur Einzelgespräche über BGF geführt (1 UB)
Einzelgespräche sind wichtig, um bestimmte MA auf andere Denkweise zu bringen (1 UB)
Gespräche mit MA sind direkt vor Ort zu führen (1 UB)
Tagesgeschäft lenkt von der Kommunikation ab (1 UB)

Kontakt
Zwischen BP und MA hat noch kein Kontakt stattgefunden, weil nächste Schritte noch unklar (2 UB)
BP ist bereits an KollegInnen herangetreten (2 UB)
Gruppenleiter ansprechen, um ihre Leute zuordnen zu können (zu Beschäftigungsgruppen z.b. Schwerarbeiter, Büro, …) (1 UB)
BP ist noch zu wenig an KollegInnen herangetreten (1 UB)
Die BP sind den Mitarbeitern bekannt (3 UB)
BP ist MA bekannt, die mit ihr in direktem Kontakt stehen, aber es ist noch niemand an sie herangetreten (1 UB)
Tages-Workshop ist bei den BP gut angekommen (1 UB)
Alle KollegInnen wissen vom BP. Es gab drei Veranstaltungen mit Protokollen darüber. Diese können nachgelesen werden (1 UB)
Bei großer MA-Anzahl kann BP nicht in direkten Kontakt mit ihnen treten, dies wäre zu aufwendig (1 UB)

Gesundheit
Thema Gesundheit wird immer mehr ein Thema (1 UB)
Das Projekt hat unter den Mitarbeiter die Aufmerksamkeit für das Thema Gesundheit gesteigert und führt zu vermehrtem Engagement seitens der MA (1 UB)
Im Call-Center wird viel über Gesundheit geredet, philosophiert und sich ausgetauscht (1 UB)

Betriebliche Gesundheitsförderung
Zu spät wird über BGF gesprochen (1 UB)
Verankerung von BGF fehlt noch (1 UB)

<u>Geplante Form des Feedbacks zu Projektmaßnahmen</u>
BP bevorzugt persönliche Gespräche statt Fragebögen (1 UB)
BP erhofft sich durch persönliche Gespräche mehr Informationen von
MA über deren Interessen am Projekt (1 UB)
Feedback von andern Mitwirkenden (BP und MA) wird bei Jour-fix
erwartet (1 UB)
Direkte Gespräche zum Erhalt ehrlicherer Meinungen werden bevor-
zugt (1 UB)
Einholung von kollektivem Feedback ist geplant (1 UB)
Wunsch nach einem zielgruppenspezifischen Fragebogen seitens der
BP (Außendienst-MA, Innendienst-MA, Führungsetage, Administrato-
ren) für Vertrieb (1 UB)
Die Art der Feedbackeinholung (im Vertrieb) ist noch nicht festgelegt,
sie kann persönlich oder über E-Mail (mögliche Weiterleitung an GF
und Projektleitung) erfolgen (1 UB)
Feedbackeinholung soll durch Befragung von Vertretern der einzelnen
Bereiche erfolgen (Diskussion maßnahmenrelevanter Themenschwer-
punkte) (1 UB)
Projektleitung wird über die bisherigen Bemühungen informiert (1 UB)
Wunsch nach Fragebögen zur MA-Befragung seitens der BP (1 UB)
Ein elektronischer Fragebogen wird wegen Handhabung, Zeitaufwand
und Anonymität bevorzugt (1 UB)
Elektronischer Fragebogen ist auch für andere Abteilungen empfeh-
lenswert (1 UB)

<u>Überlegung zu Feedbackeinholung zu Projektmaßnahmen</u>
Erste Überlegungen zur Feedbackeinholung bereits vorhanden (1 UB)
Partner an Infos nicht interessiert, weil zeitaufwändig (1 UB)
Laut Meinung des BP bringt eine Feedbackrunde wenig, da wenig
Feedback kommt (1 UB)
Feedbackeinholung wird von BP als einfach eingeschätzt (1 UB)
Feedbackeinholung hängt von Maßnahme ab (1 UB)
Wenn Fragebögen eingesetzt werden, um Feedback einzuholen, dür-
fen diese nicht oft angewendet werden - eher erst nach einer umge-
setzten Idee bzw. Maßnahme (1 UB)

Zusammenarbeit

Gespräche mit Gruppenleitern, um weitere Infos zu bekommen (1 UB)

Gespräche zwischen BP und MA zur gemeinsamen Zusammenarbeit geplant (1 UB)

Jour-fix bzw. Einstiegsmeeting mit allen Mitwirkenden (BP und MA) gewünscht (1 UB)

Offenheit des EP für sinnvolle, überragende Ideen (von MA) (1 UB)

BP erwartet kaum vernünftige Informationen durch die MA (1 UB)

Freiwillige MA bringen sich bereits in das Projekt mit ein (1 UB)

MA mit persönlichen Qualifikationen im Gesundheitsbereich stellen eine wertvolle Ressource für das Projekt dar und sind mit einzubeziehen (1 UB)

Für den Einbezug der Mitarbeiter, als Ressource für das Projekt, sind besondere Regelungen notwendig (1 UB)

Einschätzung

Weitere MA Anfragen (außer Obstkörbe) sind kabarettistisch und nicht ernst gemeint (1 UB)

MA und BP sind beratungsresistent und in ihrer Meinung bezüglich Gesundheit nicht umzustimmen (1 UB)

Gesundheit hängt von jedem MA persönlich ab (1 UB)

MA sind „eliteresistent", sportlich untätige und uninteressierte MA können nicht animiert werden (1 UB)

Stimmung zu BGF in allen Bereichen ähnlich schlecht   (1 UB)

Stimmung bei KollegInnen auch von engagierten MA abhängig (1 UB)

MA werden von BP als „Jammerer" bezeichnet (1 UB)

Die MA nehmen das Projekt noch zu wenig an (1 UB)

BP glaubt, dass MA bezüglich des Projekts skeptisch sind (1 UB)

Projekt BGF

Das Projekt wurde Führungskräften vorgestellt, es gehört mehr an MA gerichtet (bislang gab es nur ein allgemeines E-Mail) (1 UB)

Informationen über Projekt bei MA vorhanden (2 UB)

Positive Einstellung zum Projekt. Es entwickelt sich zum täglichen Begleiter (1 UB)

MA-Anfragen zu BGF
Ernsthafte Anfragen sind selten (1 UB)
Bezahlung des Fitnessstudios - abgelehnt (1 UB)
Verkürzung der Wochenarbeitszeit mit Lohnausgleich (1 UB)
MA stellen bisher kaum ernst gemeinte Anfragen (1 UB)
MA wurden aktiv, um Rat bei Gesundheitsfragen zu holen (1 UB)

Erwartungen an die MA
Rückmeldung über das Projekt (1 UB)

Erwartungen der BP
Engagement des BP und Maßnahmen - das ist wieder eine Zeitfrage –
es braucht eine Woche im Monat (1 UB)

Konkrete Pläne
Praktische Übungen am PC sollen das Gesundheitsbewusstsein der MA
verstärken und festigen (1 UB)
Geplant für eines der nächsten BP-Treffen: Erarbeitung einer gemeinsamen Vorlage einer Feedbackmöglichkeit der MA (1 UB)
wichtig, dass die Leute zusammen kommen, gemeinsam etwas unternehmen und die Gemeinschaft gefördert wird. Ein Fitnesscenter kann
dies nicht ersetzen (1 UB)

Unterstützung
Projektleitung soll Projekt finanziell unterstützen (1 UB)
Das Intranet ist auf Grund zu geringer Verwendung seitens der MA
keine gute Informations- und Kommunikationsquelle (1 UB)
Herausforderung: Verteilung der Mittel auf die Abteilungen (1 UB)
Informationen für BP über aktuelle Angebote sind wichtig (1 UB)

Probleme bei der Umsetzung
Wünsche der MA einholen ist in Gesellschaften mit vielen MA sehr
schwierig (1 UB)
Konkrete Erwartungen hat jeder BP und jeder langjährige MA weiß
auch, dass die Umsetzung schwierig ist (1 UB)

BP kann MA nicht bei gesundheitlichen Problemen helfen, weil er kein Spezialist ist; Projektangebote aber empfehlen (1 UB)

Angst vorhanden, MA zu Terminen zu holen, die keinen Mehrwert haben (1 UB)

Schifahrten werden vom Betriebsrat organisiert. Es ist schwieriger die Leute zum Mitmachen zu animieren, weil jeder genug Möglichkeiten zur Selbstorganisation hat (1 UB)

Austausch zw. BP

Bereits erfolgte Kontaktaufnahme mit anderen BP (1 UB)

Weitere Abstimmung zwischen den EP nicht notwendig; Zeitverschwendung (1 UB)

Der Workshop hat eine Grundlage geschaffen und jeder weiß, was er zu tun hat (1 UB)

Erfolgskriterium

Trotz guten Starts muss das Projekt weiter präsent bleiben, um bestehen zu können (1 UB)

Positive Annahme des Projektes durch MA hängt von der Arbeitsbelastung ab (1 UB)

Arbeit mit Gesundheit zu verknüpfen als Knackpunkt für den Erfolg des Projektes (1 UB)

Bei Abteilungsausflügen muss der Chef mitfahren – sonst scheitert das Projekt (1 UB)

Zusammenfassung und Interpretation der wesentlichen Aussagen zur vierten Fragedimension

Kommunikation und Information über das Projekt

Die BGF-PartnerInnen berichten, dass es positive Stellungnahmen seitens der MA gibt und dass das Projekt auf großes Interesse stößt. Es gibt aber einen unterschiedlichen Informationsstand bei den MA. In bestimmten Abteilungen herrscht schon reger Informationsaustausch. Nach Meinung der Befragten stellt das Intranet nicht die beste Informationsplattform dar, weil es nicht bei allen MA gleichermaßen verwendet wird.

Kommunikation und Kontakte zwischen MA und BP

Die BGF-PartnerInnen sind den MA durchwegs bekannt und haben bislang Einzelgespräche mit ihnen geführt, aber dennoch ist es manchmal schwierig, das Thema Gesundheit offen anzusprechen. Sie halten Einzelgespräche vor Ort über Gesundheit für bedeutend, aber das Tagesgeschäft lässt häufig wenig Platz dafür. Die Befragten sagen, dass es umso schwieriger ist, diese Gespräche zu führen, je größer die Anzahl der zu betreuenden MA ist. Sie begrüßen es, wenn sich engagierte MA freiwillig in das Projekt einbringen und glauben, dass MA mit persönlichen Qualifikationen und Interessen im Gesundheitsbereich eine wertvolle Ressource darstellen. Dazu werden allerdings auch besondere Regelungen als notwendig erachtet.

Überlegungen zu Feedbackeinholung zu den Projektmaßnahmen

Die BGF-PartnerInnen erhoffen sich durch persönliche Kontakte und Feedback von anderen Mitwirkenden bzw. KollegInnen mehr Informationen und Sicherheiten im Projektgeschehen zu erhalten. Sie erwarten regelmäßige Informationen und Feedbacks über Projektmaßnahmen (auch über E-Mail möglich). Der Projektleiter wird als wichtige Koordinationsstelle für Feedbackprozesse angesehen. Die Befragten machen die Bedeutung der Feedbackprozesse vom Stellenwert der einzelnen Maßnahme abhängig und sehen im Austausch mit vertrauten MA eine wichtige Feedbackmöglichkeit.

Einschätzung der Akzeptanz des Projekts bei den MA

Einige BGF-PartnerInnen glauben, dass es schwierig sein wird, bei den MA Gesundheitsbewusstsein zu schaffen, weil ihrer Meinung nach der persönlichen Verantwortung und Eigeninitiative ein hoher Stellenwert zukommt. Sie glauben, dass das Engagement bei und die Begeisterung für Projekte immer auch von engagierten MA abhängt. Sie berichten weiter, dass es schon vereinzelt gesundheitliche Anfragen seitens der MA gegeben hat und schätzen das Projekt so ein, dass es zum ständigen und alltäglichen Begleiter im Unternehmensalltag werden könnte. Dazu müssen aber noch Anstrengungen unternommen werden, um die Akzeptanz bei möglichst vielen MA zu erhöhen

Bedarfserhebung und Programmgestaltung:
Inhalte und Methoden

Kategorien aus den Interviews:
- Das Instrument Fragebogen
- Austausch von BP untereinander
- Austausch von BP mit Gruppenleitern und Projektleitung
- Aufgaben und Problemfelder, Wünsche und Pläne der BP

Die befragten BGF-PartnerInnen schätzen die Bedarfserhebung und Programmgestaltung (Inhalte und Methoden) wie folgt ein:

Das Instrument Fragebogen
Die Meinung der BGF-PartnerInnen zum Erhebungsinstrument Fragebogen für Wünsche und Bedürfnisse seitens der MA:
- Fragebogen wird als überwiegend hilfreich eingestuft
- persönliche Gespräche und Kleingruppengespräche werden als nützliche Ergänzung gesehen
- es gibt ohnehin sehr viele Umfragen – die Aussagekraft würde darunter leiden
- Gruppendiskussionen mit Leitfaden sind ebenso aussagekräftig
- Konstruktion des Fragebogens ist ExpertInnensache (evtl. elektronischen Fragebogen einsetzen)

Austausch von BP untereinander
Die meisten BGF-PartnerInnen
- wünschen sich einen Informations- und Erfahrungsaustausch

Austausch von BP mit Gruppenleitern/Projektleitung

Für die meisten BGF-PartnerInnen

- ist auch der Kontakt zu den Gruppenleitern wichtig, um die gesundheitlichen Anforderungen der MA belastungsspezifisch einschätzen zu können
- soll die Projektleitung konkrete Vorgaben machen, in welche Richtung Daten und Informationen zu sammeln sind, um entsprechende Maßnahmen planen zu können

Aufgaben und Problemfelder, Wünsche und Pläne der BP

Die BGF-PartnerInnen

- möchten die Interessen der MA in Erfahrung bringen, sind bereit, sich aktiv einzubringen und sind sich der Schwierigkeit bewusst, bisher eher inaktive MA zu motivieren
- wünschen sich, dass entsprechend Zeit bei Gruppenbesprechungen eingeräumt wird
- erwarten sich ehrliches Feedback von den MA, um ihr weiteres eigenes Engagement im Projekt richtig einschätzen zu können
- erwarten sich konkrete Vorschläge auch von den MA sowie Unterstützung von der Firma bzw. von der Projektleitung, wo und wie jeder MA aktiv werden kann

Ergebnisse und Aussagen der BPs im Detail

Fragebogen

Wird als zentrale Unterstützung für BP gesehen (1 UB)

Für persönliches Gespräch erwünscht (4 UB)

Persönliche Gespräche werden bevorzugt (3 UB)

Kein Fragebogen von BP erwünscht (1 UB)

MA erhalten 3 Fragebögen im Jahr, aber es gibt wenig Rücklauf und wenig Infos (1 UB)

Kurz und verständlich formulieren und mit geschlossenen Fragen gestalten (1 UB)

Noch kein Instrument vorhanden (1 UB)

Konkrete Fragestellungen noch nicht bearbeitet (1 UB)
Gruppendiskussion mit Leitfadenfragebogen (1 UB)
Wurde arbeitsspezifisch gestaltet; große Erwartungshaltung, viele
Infos über MA zu bekommen (1 UB)
Kaum Rücklauf und nicht ernst genommen (1 UB)
Soll Defizite & Interessen der MA aufzeigen (1 UB)
Soll Möglichkeit für MA bieten, Vorschläge zu machen
und Stellung zu beziehen (1 UB)
Soll Möglichkeit zur Verbesserung aufzeigen (1 UB)
Soll Bekanntheit des Projekts aufzeigen (1 UB)
Soll Schwerpunktinteresse & Wünsche ermitteln (1 UB)
Soll allgemeine Empfindungen der MA anonym abfragen (1 UB)
Soll die Erwartungshaltung der MA abfragen (1 UB)
Soll die Zielgruppe erheben (1 UB)
Soll von Spezialisten gestaltet werden (1 UB)
Gleiche Fragestellungen vorteilhaft für Vergleichbarkeit (1 UB)
Fragebogen noch nicht vorhanden (1 UB)
BP hat sich nicht mit konkreten Fragestellungen
zur Kurzerhebung per Fragebogen zu beschäftigen,
weil es nicht sein Spezialgebiet ist (1 UB)
Fragebogen 2mal vom BP urgiert (Vorhaben aufgegeben) (1 UB)

Austausch von BP mit Mitarbeitern
Austausch mit MA erwünscht (2 UB)
Bereitschaft zum Austausch vorhanden,
Schwierigkeit der Kontaktaufnahme (1 UB)
Beschluss: MA sollen bei Stammtischen
Wünsche notieren (1 UB)
Gutes Feedback für BP durch Austausch mit MA (1 UB)
Für Gespräche 1-2 VertreterInnen pro Team ausgewählt (1 UB)
Fokusgruppen schwierig zu verwirklichen aufgrund
unterschiedlicher Charaktere der MitarbeiterInnen (1 UB)

Austausch von BP untereinander
Austausch erwünscht, da Mails nicht ausreichend sind (1 UB)
Austausch für Informationen und Erfahrungen (1 UB)

Austausch von BP mit Gruppenleitern und Projektleitung
Plan: Kontakt zu Gruppenleitern herstellen (1 UB)
Plan: Gespräch mit Gruppenleitern um MA nach
Arbeitseinsatz kategorisieren zu können (1 UB)
Projektleitung soll BP konkret vorgeben was zu
ermitteln ist, BP nicht darauf spezialisiert (1 UB)

Austausch von BP mit Vorgesetzten/Führungsebene
Vorgesetzte wurden über MA- Befragung informiert (1 UB)

Wünsche und Pläne der BPs
BP möchte die Interessen der MA erfahren (2 UB)
Zeit für Informationsaustausch bei Gruppenbesprechungen einräumen
(1 UB)
Wichtig, wie MA das Projekt empfinden, damit BP das eigene Engage-
ment abwägen können (1 UB)
Bei MA mit Übergewicht mit dramatischen Beispielen etwas bewirken
(1 UB)
BP wünscht sich Tipps für Einholung von Informationen (2 UB)
BP wünscht sich Infos was die MA für ihre Gesundheit machen wollen
(1 UB)
Pro Bereich ein gewählter Sprecher für die MA, um persönliche Wün-
sche der MA zu Maßnahmen erheben zu können (1 UB)
Konkrete Maßnahmenvorschläge erwünscht (1 UB)
BP will selbst über die gesetzten Maßnahmen entscheiden (1 UB)
Informationen über gesündere Ernährung soll das
Gesundheitsbewusstsein der MA stärken (1 UB)
Wunsch, dass die Firma aufzeigt, wo und wie jeder aktiv und initiativ
werden kann (1 UB)
BP möchte sich konkrete Vorgangsweise der
Erhebungsmethode offen lassen, hat sich deshalb

für konkrete Erhebungsmethode noch nicht entschieden (1 UB)

Notwendigkeit für BP
Informationen, wo Unterstützung benötigt wird, einholen (1 UB)
Ursachen der Probleme erkennen (1 UB)
Jeder MA muss selbst Impulse umsetzen (1 UB)

Problemfelder für BP
Ratlosigkeit bezüglich unkooperativer MA;
Kampf auf organisatorischer Ebene –
alle Bereiche haben eigene Geschichte (1 UB)

Einstellung von BP zum Projekt
BP ist bereit aktiv mitzuarbeiten (1 UB)

Erkenntnisse von BP
Erfahrungswerte helfen Bedürfnisse zu erkennen (1 UB)

Zusammenfassung und Interpretation
der wesentlichen Aussagen zur fünften Fragedimension

Das Instrument Fragebogen
Die Meinung der BGF-PartnerInnen zum Erhebungsinstrument Frage-bogen. Der Fragebogen wird als überwiegend hilfreich eingestuft. Per-sönliche Gespräche und Kleingruppengespräche werden als nützliche Ergänzung angesehen. Ohnehin gibt es schon sehr viele Umfragen, worunter die Aussagekraft des Erhobenen leiden könnte. Auch Grup-pendiskussionen mit strukturierten Leitfäden werden als aussagekräf-tig eingestuft. Die Konstruktion des Fragebogens ist nach Meinung der Befragten allerdings ExpertInnensache, eventuell könnte ein elektroni-scher Fragebogen eingesetzt werden.

Austausch von BP untereinander
Die meisten BGF-PartnerInnen wünschen sich einen Informations- und Erfahrungsaustausch untereinander.

Austausch von BP mit Gruppenleitern und Projektleitung

Für die meisten BGF-PartnerInnen ist auch der Kontakt zu den Gruppenleitern wichtig, um so die gesundheitlichen Anforderungen der MA belastungsspezifisch einschätzen zu können. Die Projektleitung soll konkrete Vorgaben geben, in welche Richtung Daten und Informationen zu sammeln sind, um entsprechende Maßnahmen planen zu können.

Aufgaben und Problemfelder, Wünsche und Pläne der BP

Die BGF-PartnerInnen möchten die Interessen der MA in Erfahrung bringen und sind bereit, sich aktiv einzubringen. Ebenfalls sind sie sich der Schwierigkeit bewusst, bisher eher inaktive MA zu motivieren. Sie wünschen sich, dass entsprechend Zeit bei Gruppenbesprechungen eingeräumt wird und erwarten sich ehrliches Feedback von den MA, um ihr weiteres eigenes Engagement im Projekt richtig einschätzen zu können. Sie wollen konkrete Vorschläge auch von den MA, sowie Unterstützung von der Firma bzw. von der Projektleitung. Sie möchten dadurch wissen, wo und wie jeder MA aktiv werden kann.

Erfolgskriterien und Nachhaltigkeit

(Forschungsfragen laut Gesprächsleitfaden)

Kategorien aus den Interviews:
- Erfolgsdefinition und -bewertung
- Einflussfaktoren auf den Projekterfolg durch die BP
- Einflussfaktoren auf den Projekterfolg durch Mitarbeiter
- Erfolgsfaktoren durch die Unternehmensführung
- Einflussfaktoren auf den Projekterfolg allgemein
- Ideen für Maßnahmen zur (nachhaltigen) Projektumsetzung

Die befragten BGF-PartnerInnen schätzen die Erfolgskriterien und die Nachhaltigkeit wie folgt ein:

Erfolgsdefinition und -bewertung

Die BGF-PartnerInnen machen hinsichtlich des Projekterfolgs diese Aussagen:

- Erfolg des Projektes ist messbar an der Krankenstandsstatistik oder mittels einer Befragung in 3 Jahren
- Projekterfolg macht sich in einer Bewusstseinsbildung und Abänderung der Verhaltensmuster in Bezug auf Gesundheit bei einem Teil der MA bemerkbar
- Bewusstseinsbildung und Auseinandersetzung über betriebliche Gesundheitsförderung bei den MA ist das Optimum der Aufgabenerfüllung
- Erfolg ist immer auch sehr individuell auf der Mitarbeiterebene und somit für das Unternehmen eher schwer nachvollziehbar
- Nachhaltigkeit ist erst in 5, 10 oder 15 Jahren gegeben; Aspekte der Nachhaltigkeit sind auch: Betriebsklima, Stress, Wohlfühlfaktoren und die Drucksituation

Einflussfaktoren auf den Projekterfolg durch die BP
Die BGF-PartnerInnen
- halten ständige direkte Kommunikation notwendig, um das Projekt in den Köpfen der MA leben zu lassen; der direkte Austausch untereinander ist wichtig
- sagen, dass interessierte Personen früh einzubinden sind, um eine fließende Nachfolge zu gewährleisten
- sind überzeugt, dass Eigeninitiative, Engagement, Kommunikation und MA-Motivation ausschlaggebend für Maßnahmenumsetzung und gesamten Projekterfolg sind.
- glauben, dass als BP sensibel vorzugehen ist und bei der Erfüllung des eigenen Auftrags kein Druck auf MA ausgeübt werden darf
- definieren ihre Aufgabe weitgehend als „Job" und können diese Aufgabe aus Zeitgründen nicht 100%ig machen
- benötigen den bedingungslosen Rückhalt vom Projektteam, um erfolgreich arbeiten zu können
- identifizieren sich mit dem Projekt und hoffen, etwas bewegen zu können – sehen sich aber eher in der Vermittler-

rolle von Informationen und Programmangeboten und nicht in erster Linie in der Verantwortlichkeit des Projekterfolgs.

Einflussfaktoren auf den Projekterfolg durch MitarbeiterInnen

Die BGF-PartnerInnen

- machen den Erfolg auch vom Engagement der MA abhängig
- befürchten, dass viele MA sich wegen des erwarteten zusätzlichen Zeitaufwands eher reserviert verhalten werden
- definieren den Erfolg ihrer Arbeit stark über die Beteiligung der MA
- wissen, dass es gelingen muss, das Maßnahmenangebot in die alltäglichen Arbeitsabläufe und Arbeitsbelastungen gut zu integrieren

Erfolgsfaktoren durch die Unternehmensführung

Die befragten BGF-PartnerInnen sagen,

- dass die Unterstützung des Vorgesetzten zu verstärktem Verantwortungsgefühl führt
- dass eine längerfristige Unterbrechung der Tätigkeit vermieden werden soll
- dass rechtzeitig eine Nachfolge aufgebaut werden soll
- dass es Anliegen der Vorgesetzten sein müsste, möglichst gesunde MA in der Abteilung zu haben bzw. gemeinschaftsbildende Aktivitäten zu fördern
- dass auch Führungskräfte das Thema Gesundheit entsprechend leben sollten

Einflussfaktoren auf den Projekterfolg allgemein

Die BGF-PartnerInnen halten folgende Faktoren für wesentlich:

- Engagement der verantwortlichen Abteilung
- Entsprechende (Zeit-) Ressourcen nach Projektablauf

- Gute Argumente für Gesundheit im Betrieb, um als Betrieb „gesund" zu sein
- Gute Kommunikation über das Projekt, die Maßnahmen und die (Teil-) Erfolge
- Steigerung des „Wohlfühlcharakters" im Betrieb: Umgang mit Stress und Druck

Ideen für Maßnahmen zur (nachhaltigen) Projektumsetzung
Die BGF-PartnerInnen schlagen folgende Ideen vor:
- Entwicklung und Möglichkeit von mehr Gemeinsamkeit
- Angebote und Möglichkeiten, individuell etwas in Richtung Gesundheitsförderung auszuprobieren
- Koordinierte und gut geplante Teilnahme der MA an Projektmaßnahmen, damit daraus nicht eine zusätzliche Belastung (für andere MA) entsteht
- Ergonomie, Bewegung, Ernährung als Schwerpunkte
- Ständige Verbindung von Arbeit und Gesundheit
- Längerfristige Planung des Engagements von MA (und BP) im Projekt
- Abteilungs- und bereichsspezifische Maßnahmen planen und deren Umsetzung langfristig auch mit Ressourcen entsprechend absichern
- Durch die geplanten Maßnahmen darf nicht zusätzlicher Leistungsanspruch und Druck auf die MA entstehen; wesentlich sind Aspekte der Entlastung, der Stressbewältigung, des gemeinsamen Erlebens, der Zufriedenheit, der Motivation und der Teambildung

Ergebnisse und Aussagen der BPs im Detail

Erfolgsdefinition und –bewertung
Erfolg des Projektes ist messbar an den Fehlzeiten und an der Rücklaufquote der nächsten Komplettbefragung der MA (1 UB)
Durch eine Befragung in 3-4 Jahren kann man
den Erfolg sichtbar machen (1 UB)

Projekterfolg ist Bewusstseinsbildung und Abänderung
der Verhaltensmuster in Bezug auf Gesundheit
bei einem Teil der MA (1 UB)
Bewusstseinsbildung von BGF bei den MA ist Optimum der Aufgaben-
erfüllung der BP (1 UB)
Der Erfolg liegt beim MA selbst, bei dem individuellen
Nutzen, den er daraus zieht oder nicht. Diesen individuellen
Erfolg nachzuvollziehen ist schwierig für die Firma,
für die Projektleitung (1 UB)
Erfolg des Projekts ist schwierig zu bewerten - und irgendwelche
Kennzahlen zu entwickeln ist schwierig (1 UB)
Nachhaltigkeit bedeutet nicht, dass das Projekt
schon unmittelbar wirkt. Nachhaltigkeit
ist erst in 5, 10 oder 15 Jahren gegeben (1 UB)
Aspekt der Nachhaltigkeit ist auch: Betriebsklima,
Stress und Wohlfühlen und die Drucksituation (1 UB)
Es gibt ein stärkeres Gesundheitsbewusstsein durch
das Projekt, Möglichkeiten werden aufgezeigt und
eine vermehrte Auseinandersetzung findet statt (1 UB)
Projekt soll ältere Generationen im Betrieb halten
und deren Know-How sichern (1 UB)

Einflussfaktoren des Projekterfolgs
Erfolg ist von der Etablierung in der Gruppe abhängig (1 UB)
Ständige direkte Kommunikation notwendig, um das
Projekt in den Köpfen der Einzelnen zu behalten (1 UB)
Austausch mit BP wichtig (1 UB)
Zusammenarbeit schaffen, Gedankenaustausch machen
(nicht unbedingt alle 4 Wochen) (1 UB)
Interessierte Personen bitten, sich zu beteiligen, um fließende
Nachfolge zu gewährleisten (1 UB)
Erfolgskriterium, dass die MitarbeiterInnen zur Teilnahme
motiviert werden („ein wenig schubst") (1 UB)
Sind BPs zwangsverpflichtet worden, dann zeigen sie
weniger Bereitschaft für Projekt (1 UB)

Eigeninitiative, Engagement, Kommunikation und
MA-Motivation sind ausschlaggebend für
Maßnahmenumsetzung und gesamten Projekterfolg (2 UB)
BP muss seine Aufgabe nicht mit Druck ausüben (1 UB)
BP zu sein ist Job. BP können diese Aufgabe aus Zeitgründen
nicht 100%ig machen (1 UB)
Arbeit des BPs ist es, Informationen weiterzugeben (1 UB)
Erfolg resultiert aus nachhaltiger Aktivität der BP (1 UB)
Partner werden sich selbst organisieren können,
wenn Stimmung im Kreis gut ist (1 UB)
Entsprechender Rückhalt vom Projektteam spornt BP an,
weiterzumachen (1 UB)
Ohne Projektteam wird die Arbeit schwieriger, weil es
deren Aufgabe ist, den oberen Ebenen die Wichtigkeit
des Projektes zu verdeutlichen und den BPs
Rückendeckung zu geben (1 UB)
Der Verantwortung für die Durchführung von
gesundheitsfördernden Maßnahmen bewusst sein (1 UB)
Als BP kann man leichter organisieren und die
Terminplanung ist besser – dadurch werden terminliche
Wünsche der MA besser berücksichtigt (1 UB)

Einflussfaktoren des Projekterfolges durch MitarbeiterInnen
Projekterfolg hängt vom Engagement der MA ab (1 UB)
Einige MA sind überzeugt von BGF (1 UB)
Mitarbeit von engagierten MA (1 UB)
Ausstieg einiger MA vom Projekt BGF
aufgrund hohem Zeitaufwands und geringem Erfolg (1 UB)
Negative Rückmeldungen seitens der MA, weil keine
Zeitressourcen für derartige Projekte (1 UB)
Erfolgskriterium, dass die MitarbeiterInnen sich
beteiligen und die Angebote wahrnehmen (1 UB)
Für die Umsetzung sind die einzelnen MA selbst
verantwortlich

Erfolg resultiert aus Erfahrungen der MA mit Projektangeboten (wenn diese gut sind wird auch die Nachfrage bleiben und hoffentlich auch das Angebot) (1 UB)
Angebote müssen von den MA angenommen werden (1 UB)
Nicht alle MA werden gesundheitsfördernde Maßnahmen annehmen (1 UB)
Selbstverantwortung der MitarbeiterInnen bzgl. Arbeit, Zeiteinteilung und Gesundheitsbewusstsein (1 UB)

<u>Einflussfaktoren des Projekterfolges durch die Unternehmensführung</u>
Zutrauen des Chefs führt zu Verantwortungsgefühl und zu dem Gefühl die Aufgabe gut zu erledigen (2 UB)
Längerfristige Unterbrechung der Tätigkeit soll vermieden werden (1 UB)
Zusammenarbeit schaffen, Gedankenaustausch machen (nicht unbedingt alle 4 Wochen) (1 UB)
Bereitschaft vorhanden, einen Nachfolger aufzubauen, wenn es im zeitlichen Rahmen ist und Unterstützung vom Unternehmen da ist (1 UB)
Erfolgskriterium, dass die Chefs hinter dem Projekt stehen (soll nicht nur ein Lippenbekenntnis sein – „da darfst du nicht mitmachen, das kostet zu viel Zeit") (1 UB)
Finanziert jedoch die Firmenleitung, würden die MA auch die Maßnahmen in Anspruch nehmen (1 UB)
GF und Abteilungsleiter werden für die Fortführung des Projektanliegens sorgen (1 UB)
GF und Abteilungsleiter sind daran interessiert, dass die MA fit sind. Das Thema BGF passt zufällig (1 UB)
Die Führung der Abteilung ist an gemeinsamen Aktivitäten interessiert. Finanzielle Mittel aus dem Projekt sind willkommen – aber keine Grundvoraussetzung für gemeinsame Aktivitäten (1 UB)
Nicht nur BP, sondern auch Führungskräfte sollen das Gesundheitsthema vorleben (1 UB)

BP sieht die Aufgabe der Firma zusammenfassend darin,
dass Möglichkeiten für die MA aufgezeigt werden, wo
individuell anzusetzen ist (1 UB)
Das Projekt erfährt zu wenig Beachtung aufgrund der
fehlenden Kommunikation und Information von
Seiten der Führungsebene. (1 UB)
Chef muss hinter den Projekten stehen (1 UB)

<u>Einflussfaktoren für den Projekterfolg allgemein</u>
Abteilung Personal ist für Bildungsmaßnahmen zuständig (1 UB)
Keine Zeitressourcen (1 UB)
Teilumsetzung des Projekts wichtig, um bei MAs
Bereitschaft zur Teilnahme zu erzeugen (1 UB)
Erfolgskriterium, dass das Projekt immer wieder in
Erinnerung gebracht wird (1 UB)
Projekt hängt von finanziellen Ressourcen, Aktivität, Motivation und
Produktivität ab, viele wollen nicht viel investieren (1 UB)
Schritte und Maßnahmen müssen begründet werden – vieles läuft
aber auch einfach ohne viel bürokratischen Aufwand (1 UB)
Ein großes Thema ist der Wohlfühlcharakter im Betrieb (1 UB)
Projekt ist ein laufender Prozess (1 UB)
Im laufenden Projekt fehlt die Kommunikation innerhalb
des Unternehmens (1 UB)
Kommunikation ist wichtig (3 UB)
Rahmenbedingungen für das Projekt durch den Betrieb absolut gege-
ben (1 UB)
Alle Gebäude relativ neuwertig und in den Büros
geht es den MA gut (1 UB)
Qualität der Infos von und für Projekt wichtig (1 UB)

<u>Ideen für Maßnahmen zur (nachhaltigen) Projektumsetzung</u>
Musik, mehr Spaß und gemütliches Zusammensein mit Kollegen (1 UB)
Tolle Trainer, andere Räumlichkeiten, Wellness, Wanderungen (1 UB)
BP erwartet neue Seminare durch das Projekt, die
sich von anderen abheben (1 UB)

Prädestinierte Leute" mit z.B. Übergewicht und
Bluthochdruck bewegen, um Einsichten zu gewinnen,
dass Gesundheitsförderung wichtig ist (1 UB)
MA in Kleingruppen zu Thema Ernährung u.a. (1 UB)
Jeder MA soll einmal die Möglichkeit haben etwas in Richtung Ge-
sundheitsförderung auszuprobieren (1 UB)
Es braucht einfache Sachen: gemeinsame Veranstaltungen,
welche die Teambildung fördern (1 UB)
BP hofft, dass bisher erfolgreiche Maßnahmen zumindest
auf Abteilungsebene weitergeführt werden (1 UB)
BP kann folgendes zum Thema Gesundheit im Betrieb
bewegen: gutes Vorbild sein und Gesundheitsthemen
ansprechen, Küchenteam loben (1 UB)
Nachhaltigkeit des Projektes über Seminare sichern (1 UB)
Durch Evaluierung den Bedarf erheben. Dann Angebote
für die MA erstellen und diese verpflichtend anbieten (1 UB)
BP organisiert viele Projekte (1 UB)

Individuelle Meinungen und Einstellungen
zum Projektverlauf
BP fühlt sich persönlich für Projekterfolg
Verantwortlich (5 UB)
Großes persönliches Engagement des BP
beim Projekt (1 UB)
BP kann etwas zum Thema „Gesundheit im Betrieb"
Bewegen (1 UB)
Projekt bekommt eigene Dynamik, wenn BP sich
Engagieren (1 UB)
Interesse vorhanden, ob Mitwirkende das Projekt
 ernst nehmen (1 UB)
Sinnhaftigkeit muss vorhanden sein, dann BP-Funktion
bis zur Pension (1 UB)
Noch nicht über Nachfolgerin des Projekts bei
Pensionsantritt nachgedacht (1 UB)
Unsicherheit seitens des BP (1 UB)

Nichts von Projekt bemerkbar, ausgenommen
Gesundheitstage waren Erfolg (1 UB)
Innerhalb des Unternehmens laufen viele Projekte
Projekt hat noch nicht begonnen, keine Aussagen
über Nachhaltigkeit möglich (1 UB)
Kein Wissen über Weiterführung des Projektes (1 UB)
BP ist vom Erfolg des Projektes nicht überzeugt
Voraussetzungen (für Erfolg) sind gegeben,
jedoch darf Umsetzung nicht von finanziellen
Mitteln abhängig sein (1 UB)
BP: Identifikation mit Projekt; Hoffnung, etwas
bewegen zu können (1 UB)
BP: keine Verantwortung für Erfolg des Projekts;
BP ist bloß Vermittlungsstelle (1 UB)
BP ist interessiert an weiteren Befragungsergebnissen (1 UB)
BP: unvorbereitetes Gespräch und offene Aussprache (1 UB)
Umsetzung des Themas Gesundheit in der Firma ist
schwierig und herausfordernd (1 UB)
Das Thema Gesundheit hat großen persönlichen
Stellenwert und ist für BP immer schon aktuell gewesen (1 UB)
Es findet eine Identifizierung mit der Rolle des
BPs statt, jedoch fehlt Information bezüglich
der Umsetzung. Ideen sind aber bereits vorhanden (1 UB)
Projektentwicklung wird mit Spannung verfolgt.
(Ergebnisse) (1 UB)
BP will zum Gelingen des Projektes beitragen (1 UB)

Zusammenfassung und Interpretation
Wesentliche Aussagen zur sechsten Fragedimension

Erfolgsdefinition und –bewertung:
Die BGF-PartnerInnen äußern sich zum Projekterfolg so:
Der Erfolg des Projektes ist entweder messbar an der Krankenstandsstatistik oder durch eine Befragung in 3 Jahren. Der Projekterfolg
macht sich in einer Bewusstseinsbildung und Abänderung der Verhal-

tensmuster in Bezug auf Gesundheit bei einem Teil der MA bemerkbar. Die Bewusstseinsbildung und die Auseinandersetzung über betriebliche Gesundheitsförderung bei den MA ist das Optimum der Aufgabenerfüllung. Erfolg ist immer auch sehr individuell auf der Mitarbeiterebene und somit für das Unternehmen eher schwer nachvollziehbar. Eine Nachhaltigkeit ist erst in 5, 10 oder 15 Jahren vorabzusehen. Die Nachhaltigkeit ist unter anderem auch abhängig von Aspekten wie etwa Betriebsklima, Stress, Wohlfühlfaktoren und Drucksituationen.

Einflussfaktoren auf den Projekterfolg durch die BP:
Die BGF-PartnerInnen halten ständige, direkte Kommunikation für notwendig, um das Projekt in den Köpfen der MA leben zu lassen. Dabei ist der direkte Austausch untereinander sehr wichtig. Sie meinen, dass interessierte Personen früh einzubinden sind, um eine fließende Nachfolge zu gewährleisten. Allesamt sind überzeugt, dass Eigeninitiative, Engagement, Kommunikation und MA-Motivation ausschlaggebend für eine zielführende Maßnahmenumsetzung und somit den gesamten Projekterfolg sind. Die Befragten glauben, dass sensibel vorzugehen ist und bei der Erfüllung des eigenen Auftrags kein Druck auf MA ausgeübt werden darf. Einige definieren ihre Aufgabe weitgehend als „Job" und können deshalb diese Aufgabe aus Zeitgründen nicht 100%ig machen. Um erfolgreich arbeiten zu können, benötigen sie den bedingungslosen Rückhalt vom Projektteam. Sie identifizieren sich mit dem Projekt und hoffen, etwas bewegen zu können. Aber sie sehen sich eher in der Vermittlerrolle von Informationen und Programmangeboten und nicht primär in der Projektverantwortlichkeit.

Einflussfaktoren auf den Projekterfolg durch MitarbeiterInnen:
Die BGF-PartnerInnen machen den Erfolg auch vom Engagement der MA abhängig. Sie befürchten, dass viele MA sich wegen des erwarteten zusätzlichen Zeitaufwands eher reserviert verhalten werden und definieren den Erfolg ihrer Arbeit stark über die Beteiligung der MA. Die Befragten wissen, dass es gelingen muss, das Maßnahmenangebot

in die alltäglichen Arbeitsabläufe und Arbeitsbelastungen gut zu integrieren.

Einflussfaktoren auf den Projekterfolg durch die Unternehmensführung:
Die BGF-PartnerInnen sagen, dass die Unterstützung der Vorgesetzten zu verstärktem Verantwortungsgefühl führt und dass eine längerfristige Unterbrechung der Tätigkeit vermieden werden soll. Des Weiteren soll rechtzeitig ein/e Nachfolger/in aufgebaut werden. Die Befragten meinen, dass es Anliegen der Vorgesetzten sein müsste, möglichst gesunde MA in der Abteilung zu haben bzw. gemeinschaftsbildende Aktivitäten zu fördern und dass auch Führungskräfte das Thema Gesundheit entsprechend leben sollten.

Einflussfaktoren auf den Projekterfolg allgemein:
Die BGF-PartnerInnen halten das Engagement der Abteilung Personal Services für wesentlich. Ein weiterer wichtiger Punkt ist die entsprechende (Zeit-) Ressourcen nach 2009. Wichtig sind auch gute Argumente für Gesundheit im Betrieb, um als Betrieb wirklich „gesund" zu sein und eine gute Kommunikation über das Projekt, über die Maßnahmen und die (Teil-) Erfolge. Ebenso empfinden die Befragten die Steigerung des „Wohlfühlcharakters" im Betrieb als wichtiges Kriterium. Dazu zählen beispielsweise der Umgang mit Stress und Druck.

Ideen für Maßnahmen zur (nachhaltigen) Projektumsetzung:
Die BGF-PartnerInnen schlagen die Entwicklung und Möglichkeit von mehr Gemeinsamkeit in Teams bzw. in Abteilungen vor. Zu einer nachhaltigen Projektumsetzung gehören Angebote und Möglichkeiten, individuell etwas in Richtung Gesundheitsförderung auszuprobieren. Sie wünschen sich koordinierte und gut geplante Teilnahme der MA an den Projektmaßnahmen, damit daraus nicht eine zusätzliche Belastung für andere MA entsteht. Sie sehen Ergonomie, Bewegung und Ernährung als Schwerpunkte. Es soll eine ständige Verbindung von Arbeit und Gesundheit passieren. Die Befragten wünschen sich eine längerfristige Planung des Engagements von MA und BP im Projekt. Sie

möchten abteilungs- und bereichsspezifische Maßnahmen planen und deren Umsetzung langfristig auch mit Ressourcen entsprechend absichern können. Durch die geplanten Maßnahmen darf nicht zusätzlicher Leistungsanspruch und Druck auf die MA entstehen. Wesentlich dabei sind Aspekte der Entlastung, der Stressbewältigung, des gemeinsamen Erlebens, der Zufriedenheit, der Motivation und der Teambildung.

Zusätzliche Dimensionen und Kriterien

Aus den nicht eindeutig zuordenbaren Aussagen wurden zusätzliche Kategorien gebildet und Unternehmensbereichen zugeordnet:

Kommunikation über Gesundheit
Unter Kollegen wird nicht über den Gesundheitszustand gesprochen und es gibt keine Aussprache. Oft ist der Gesundheitszustand nicht offensichtlich (1 UB)
Manche MA sprechen über ihre Probleme mit anderen Kollegen (1 UB)
Erneute Betonung des Schwerpunktes Schichtdienst und der Kontakt mit diesen MA. – Deshalb wünscht sich der BGF- Partner große Treffrunden (1 UB)
Die Größe des Betriebes (Abteilung) wirkt sich auf die persönliche Kommunikation mit den MitarbeiterInnen aus (1 UB)
Trotz Aussprache mit überforderten MitarbeiterInnen, wollen diese keine Hilfe annehmen (1 UB)
Fehlende Kontaktaufnahme der Projektleitung mit BGF-Partnern kommt letzterer aus Mangel an Zeitressourcen gelegen (1 UB)

Akzeptanz des Projektes
Großes Projekt-Engagement im Unternehmen vorhanden (1 UB)
BP will durch das Interview mithelfen (1 UB)
Überzeugung vom Projekt nicht bei allen MA gegeben (1 UB)

Mehr Wertschätzung des Projekts und des BP durch MA oder FK, die bereits selbst gesundheitliche Probleme haben. Wenn gesundheitliche Probleme entstehen, werden die Leute aktiver (2 UB)
Verständnis für Teilnahme bei FK vorhanden (1 UB)
Annahme liegt in Eigenverantwortung der MA (1 UB)

BGF-Partner in den Abteilungen
Bedeutender Faktor generell: Arbeitssicherheit (1 UB)
Durchführung einer Blutspendeaktion ist nicht geplant (1 UB)
Bereich besteht aus heterogener Struktur: Schichtpersonal, MA mit Kundenkontakten; MA, die mit Ärmelschonern herumsitzen (1 UB)
Erneute Betonung des Schwerpunktes Schichtdienst und der Kontakt mit diesen MA. – Deshalb wünscht sich der BGF- Partner große Treffrunden (1 UB)
Tätigkeitsgruppen und deren jeweilige Bedürfnisse wurden bereits gemeinsam analysiert: Schichtarbeiter, Büroarbeiter, manuell Tätige, in anderen Abteilungen treten andere Belastungen auf (1 UB)
Am Land haben die MA aufgrund der andersartigen Arbeitsbelastung andere Bedürfnisse im Rahmen des Projektes (2 UB)
Maßnahmenkatalog für Gruppen wird derzeit erstellt (1 UB)
Holdingbereich geht es im Unternehmen sehr gut (1 UB)

Programme zur Gesundheitsförderung bis zu Projektstart
Unternehmen macht schon seit einigen Jahren etwas für MA-Gesundheit (1 UB)

Fragebögen/Auswertung
BGF-Partner befürchtet Unfrieden, wenn nicht alle MA Fragebogen erhalten (1 UB)
Hoffen auf ehrliche Antworten aller BGF-PartnerInnen (1 UB)
Unternehmensleitung wird Projekterfolg durch quantitative Befragungen der MAs (Vertrieb) messen (1 UB)
Interesse der BGF-Partner über Befragungsergebnisse des Fragebogens (1 UB)

BGF-Partnerin macht sich Gedanken um die Weiterverarbeitung ihres Interviews; ist interessiert an weiteren Auswertungsschritten der Befragung (2 UB)

BGF-Partnerin zieht Möglichkeit in Betracht, Studierende mit der Bedarfserhebung zu beauftragen, dadurch wird Hilfestellung für weiteres Vorgehen möglich (1 UB)

Gesundheitliche Belastungen privat und im Job

Probleme von MA auch im Betrieb durch: mangelnde Fitness, Übergewicht, pers. Familiäre Probleme, schlechte Motivation durch falschen Job (1 UB)

Betroffene wissen nicht Bescheid über gesundheitliche Risikofaktoren wie Rauchen und Übergewicht und die dadurch entstehenden Kettenreaktionen (1 UB)

Hohes Arbeitsaufkommen verhindert Bewusstsein über gute Arbeitsbedingungen (1 UB)

Voraussetzung für gesunde MA

Wichtige Punkte, um gute und zufriedene MA zu haben (pers. Fitness, Zufriedenheit, Motivation) (1 UB)

Gesundheitsförderung, nicht Leistung im Vordergrund; Sportmöglichkeiten im Konzern vorhanden (1 UB)

Problem: Leistungsanspruch und Gruppenbildung (1 UB)

Alter als Gesundheitsrisiko

Eigene Erfahrung: Alter - gefährdete Gesundheit (1 UB)

BGF aus Vorläuferprojekt entstanden:

- wenige MA über 50 Jahre; kein Generationenkonflikt
- MA mit 38 Jahren = älterer MA
- Aufnahmesperre, daher keine jungen MA
- homogene Altersstruktur (1 UB)

Nominierung und Identifikation mit Rolle als BGF-Partner

Nominierung als BGF-Partner wurde nur übermittelt.

Verpflichtende Nominierung zum EP während Abwesenheit.

Bestimmung des BGF-Partners:

- Auswahlkriterien: Sportlichkeit und Anwesenheit
- ursprüngliche Partner waren nicht bereit
- Partner selber ebenfalls nicht bereit und dennoch bestimmt

Den BGF-Auftrag nicht gewollt (3 UB)

Durch Vorstellung bei den Abteilungs- und Gruppenleitern konkretisiert (1 UB)

Wurde nominiert wegen Interesse an Gesundheit und Sport (1 UB)

Vermutung verpflichtende Nominierung auch bei anderen BGF-Partnern (1 UB)

Auswahlprozess schwierig. Rolle aufs Auge gedrückt (1 UB)

Befragte muss noch in die Aufgabe als BP hineinwachsen (wurde vom Chef dazu gedrängt) (1 UB)

BGF-Partner werden gewählt (1 UB)

Die eigene Eignung als BGF-Partner wird in Frage gestellt (1 UB)

BP fühlt sich wohl in seiner Rolle (1 UB)

Erfolgskriterien für das Projekt

Es ist wichtig alles auf die Reihe zu bringen (Ablauf, Planung und Umsetzung) (1 UB)

Das Projekt ist noch jung und muss sich erst entwickeln (1 UB)

Die Frage der Umsetzung des Themas Gesundheit im Unternehmen ist schwierig und herausfordernd (1 UB)

Gespräch mit der Projektleitung hat stattgefunden. Aktivitäten gab es; in der letzten Zeit ist nichts geschehen, weil die 5 vorgesehenen Stunden pro Monat dafür nicht ausreichen (1 UB)

Es braucht einfache Sachen: gemeinsame Veranstaltungen zur Teambildung. Aspekt der Nachhaltigkeit: Betriebsklima, Stress, Wohlfühlen und die Drucksituation (1 UB)

Verständnis für Projektteilnahme der MA bei FK vorhanden (1 UB)

Maßnahmenkatalog für Bedürfnisgruppen wird erstellt (1 UB)

Wichtig für FK und BP: Teilnahme an Projektmaßnahmen soll koordiniert ablaufen (1 UB)

Seminarbesuche von immer denselben MA (1 UB)

Ergonomie, Bewegung, Ernährung als 3 wichtige Dimensionen (1 UB)

Mögliche Hindernisse für den Erfolg des Projektes
Vorarbeit ist BP bekannt und wird offenbar wenig geschätzt (1 UB)
Dinge, die nicht dem Arbeitsprozess dienen, werden logischerweise
vernachlässigt (1 UB)

Kantine/Ernährung
Angebot der Zentral-Kantine hinsichtlich Qualität und Auswahl phä-
nomenal. In manchen Außenstellen anderes Kantinenangebot. (1
UB)
Mit dem BGF-Partner ist ein neues Agreement entstanden, frisch und
gesund zu kochen, gibt es allerdings schon länger durch das Bewusst-
sein der Kantinenchefs (1 UB)
Kantine nur ca. zu 50% ausgelastet. Gründe für Ablehnung eruieren (1
UB)

4.2.8 Bereichsspezifische Ergebnisse

Im Folgenden werden nun die Ergebnisse der Einzelinterviews mit den
EPs bereichsspezifisch dargestellt und dabei die für den jeweiligen
Unternehmensbereich besonderen Aussagen beschrieben.
Die Beschreibungen beginnen jeweils mit einer stichwortartigen Zu-
sammenfassung und werden anschließend ausformuliert.

Unternehmensbereich 1

-   Großes Engagement für das Projekt / Gesundheit wird immer
    mehr zum Thema im Unternehmen
-   Schaffung einer positiven Atmosphäre, von Harmonie am Arbeits-
    platz sind zentrale Themen
-   Wichtig sind genaue Ziele und entsprechende Spielregeln
-   Persönliche Gespräche haben einen großen Stellenwert (mit Mit-
    arbeiterInnen / zwischen BGF-PartnerInnen)
-   Wichtig ist, den Erfolg des Projekts messbar / sichtbar zu machen

Der Geschäftsbereich UB 1 engagiert sich laut Aussagen der Befragten
im großen Rahmen für das Projekt BGF. Es herrscht die Auffassung vor,

dass Gesundheit immer mehr zu einem wichtigen Thema im Unternehmen wird.

Damit das Projekt gelingen kann, auch in Bezug auf seine Nachhaltigkeit, wünschen sich die MitarbeiterInnen in der Abteilung, dass eine positive Atmosphäre am Arbeitsplatz geschaffen wird. Dies impliziert, dass vermehrt auf das Betriebsklima Bezug genommen wird. Der Arbeitsalltag soll harmonisch ablaufen, Teamwork und offene Diskussionen gehören zu den zentralen Themen.

Weitere ausschlaggebende Faktoren für das Projekt sind genaue Ziele und entsprechende Spielregeln, die für das Erreichen dieser Ziele notwendig sind und die alle Beteiligten ernst nehmen. Beispiele für solche Ziele wären:

- eine möglichst hohe Sensibilisierung und Aktivierung aller MitarbeiterInnen für das Gesundheitsprogramm
- die Herstellung einer guten Kommunikation zwischen den MitarbeiterInnen
- eine hohe Identifikation der MA mit dem Konzern
- durch das Projekt die konzernweite Unternehmenskultur zu unterstützen

Für den Bereich 1 haben persönliche Gespräche, sowohl zwischen den MitarbeiterInnen als auch zwischen den BPs, einen sehr großen Stellenwert. Eine funktionierende, regelmäßige Kommunikation wird als wichtig erachtet. Dies wird auch im Statement des interviewten BP deutlich, wenn er sagt: „...Harmonie schaffen, offen sein für Neues, andere motivieren, reden, reden, reden..."

Für den Gesundheitsbeauftragten hängt die Motivation für eine aktive Teilnahme am Projekt auch davon ab, dass Erfolge für alle Beteiligten sichtbar bzw. messbar gemacht werden, beispielsweise in Form von Infoveranstaltungen oder Maßnahmen, die auch nachhaltig gerne umgesetzt werden und nicht als Zwang empfunden bzw. als nutzlos erachtet werden.

Unternehmensbereich 2

- Hohe Priorität von Gesundheit / Sport speziell für ältere ArbeitnehmerInnen
- Übergewicht und Blutdruck sind zentrale Anliegen
- Auf latente Probleme im Konzern muss hingewiesen werden
- Gute Zusammenarbeit mit Projektleitung ist vorhanden, soll weiter gefestigt werden
- Wichtig ist, Zeitressourcen für das Projekt sicher zu stellen
- Es gibt (noch) zu wenig Kontakt zwischen den BGF-PartnerInnen
- Einzelgespräche mit den MA sind für die Motivation wichtig
- Direkte Kontakte sind für ehrliches Feedback notwendig
- Interessierte Personen sollen zur Mitarbeit eingeladen werden; die Nachfolge soll fließend geregelt werden

Der Bereich setzt im Gesundheitsprojekt Prioritäten zugunsten der Älteren. Das Thema Gesundheit und Sport soll speziell für ältere ArbeitnehmerInnen attraktiv und zugänglich gemacht werden.

Als zentrale Anliegen werden eine Auseinandersetzung mit Übergewicht und Blutdruckproblemen vorgebracht, da diese beiden Phänomene mit zunehmendem Alter auftauchen und im Konzern auch viele ältere Personen arbeiten, die in den kommenden Jahren pensioniert werden. Sie sollen später in der Freizeit von Maßnahmen in diesem Bereich profitieren und sie weiterhin im Privatbereich umsetzen.

Der interviewte BGF-Partner meint auch, dass es essentiell ist, im Unternehmen auf latente Probleme hinzuweisen, die vielleicht aus Zeitdruck nicht thematisiert werden.

Im Bereich 2 ist man der Meinung, dass eine gute Zusammenarbeit mit der Projektleitung bereits vorhanden ist, diese aber noch ausbaufähig ist und weiter gefestigt werden muss. Dazu zählt auch ein regelmäßiger wechselseitiger Kommunikationsfluss zwischen dem Geschäftsbereich und der Projektsteuerungsgruppe.

Ein weiterer Punkt der für das Gelingen des Projekts umgesetzt werden soll, ist die Sicherung und Garantie ausreichender Zeitressourcen. Sowohl die BPs als auch die anderen MitarbeiterInnen sollen durch den Projektaufwand nicht zusätzlich in der Arbeitszeit belastet werden. Vielmehr ist es wichtig, ein fixes Zeitpotential in den Arbeitsprozess zu integrieren, das ausschließlich für Projektzwecke genutzt wird, damit die geplanten Maßnahmen wirksam umgesetzt und genutzt werden können.

Ein Kritikpunkt des BGF-Partners ist, dass es noch zu wenig Kontakt zwischen den BGF-PartnerInnen gibt. Mit halbjährlichen Treffen soll der Kommunikations- und Informationsmangel untereinander ausgeglichen werden.

Der BGF-Partner sieht seine Rolle auch darin, als Motivator für jeden einzelnen MA zu agieren und legt großen Wert auf persönliche Einzelgespräche. Ein direkter Draht zu den MitarbeiterInnen erhöht die Bereitschaft zu einem ehrlichen Feedback, welche die Leistungen des BP im Projekt evaluiert bzw. allgemeine Stimmungen zum Projekt beinhaltet.

Wenn MitarbeiterInnen besonders an der Umsetzung des Projekts interessiert sind, sollen sie zu einer aktiven Mitarbeit angeregt und eingeladen werden, damit sie eventuell später, wenn der BP pensioniert wird, seine Position einnehmen.

Unternehmensbereich 3
- Seminare bzw. Gesundheitstage wirken positiv
- Rolle und Aufgaben / Kompetenzbereiche als BGF-Partner sind noch unklar
- Bestellmodus zum BGF-Partner wirkt sich auf Motivation aus
- Maßnahmen sollen eher nur bei Bedarf gesetzt werden
- Das Informationsmaterial muss sehr gut aufbereitet sein
- Vorschläge der MA sind kritisch zu überprüfen
- Gesundheit liegt vor allem in der Eigenverantwortung der MA; der zeitliche zusätzliche Aufwand im Rahmen des Projekts wird entscheidender Faktor sein; derzeit zu wenig Zeit – es laufen zu viele Projekte im Unternehmen

Der Bereich 3 hat die bisherigen Veranstaltungen zum Projekt, insbesondere die Seminare und die Gesundheitstage unter der Mitwirkung eines externen Versicherungsunternehmens als sehr positiv erlebt, da hier erstmals das Projekt „greifbar" erscheint und erste Schritte in Richtung Maßnahmenumsetzung gesetzt werden.

Kritik wird in der Form geäußert, dass für einen Großteil der BPs die neue Rolle und die damit verbundenen Aufgaben und Kompetenzbereiche noch unklar sind bzw. nicht ausreichend definiert.

Im Interview kam weiters heraus, dass sich der „Bestellmodus" zum BP auf die Motivation des BP auswirkt, da der BP des Unternehmensbereichs nicht freiwillig zu dieser Tätigkeit berufen worden ist und somit die Aufgaben eher als Zwänge wahrnimmt. Dieser BP ist auch der Meinung, dass Maßnahmen nicht einfach zwecks der Repräsentation und Vorzeigbarkeit eingeleitet werden sollen, sondern eher nur bei Bedarf seitens der MitarbeiterInnen konkret umgesetzt werden sollen.

Dem Vertreter im Bereich 3 ist es ein Anliegen, dass das Informationsmaterial für alle BPs sorgfältig aufbereitet wird und verständlich ist. Niemand soll das Gefühl haben, sich selbst alles beschaffen zu müssen und somit einen erhöhten Arbeitsaufwand zu haben.

Die Vorschläge der MitarbeiterInnen sind nach Meinung des BP aus dem Bereich 3 kritisch zu überprüfen. Nicht jede Idee muss sofort in eine Maßnahme umgesetzt werden, von der im Endeffekt nur derjenige profitiert, der sie vorgeschlagen hat oder sie von anderen KollegInnen als gänzlich nutzlos erachtet wird.

Es wird im Interview auch deutlich, dass nach Meinung dieses BP Gesundheit vor allem in der Eigenverantwortung der MA liegt, d.h. jeder sollte sich selbst darum kümmern, inwiefern er gesund leben möchte oder sich sportlich betätigt...

Ein großes Hindernis scheint auch der zusätzliche zeitliche Aufwand für das Projekt zu sein, denn nicht alle MA sehen sich bereit dazu, in ihrer Freizeit zusätzlich Aufgaben zu übernehmen und könnten die Angebote als Zwänge empfinden, wie auch schon in anderen Abteilungen erwähnt.

Der BP ist auch der Meinung, dass derzeit generell zu wenig Zeit für das Gesundheitsprojekt zur Verfügung steht, da zu viele andere Projekte simultan stattfinden und man sich daher nicht ausreichend auf das BGF-Projekt konzentrieren kann.

Unternehmensbereich 4

- Projekt ist wichtig, weil das Thema Gesundheit im Unternehmen in Zukunft immer wichtiger werden wird
- Wesentlich ist die Integration gesundheitlicher Aspekte in den alltäglichen Arbeitsablauf
- Die Gruppe der Schichtarbeiter stellt eine große Herausforderung dar
- Die MA-Zeitung wird eine wichtige Rolle spielen
- Austausch der BGF-PartnerInnen untereinander ist wichtig
- Erfolg des Projekts wird erst langfristig sichtbar

Im Unternehmensbereich 4 hat das Projekt einen hohen Stellenwert, da das Bewusstsein besteht, dass das Thema Gesundheit im Unternehmen in Zukunft immer wichtiger werden wird. Die vorrangige Bewusstseinsbildung für die Wichtigkeit des Themas Gesundheit im Betrieb/ in der Arbeit ist bereits vorhanden. Es gilt nur noch diese zu verstärken.

Im Bereich 4 sieht der BP es für das Gelingen des Projekts als wichtig an, gesundheitliche Aspekte in den alltäglichen Arbeitsablauf zu integrieren. Bei dieser Aufgabe stellt allerdings die Gruppe der Schichtarbeiter eine große Herausforderung dar, da man noch wenige Ideen hat, wie man die Schichtarbeiter am besten in das Gesundheitsprojekt einbindet.

Für den Unternehmensbereich 4 ist für den Projekterfolg ein gut funktionierendes Informationsnetz zwischen MitarbeiterInnen, BPs und den Führungspositionen ausschlaggebend. Aus diesem Grund ist der Bereich 4 der Überzeugung, dass die MA-Zeitung eine große Rolle spielen wird.

Weiters ist neben den schriftlichen Informationswegen für die Kraftwerke GmbH die mündliche Propaganda von Bedeutung.

Der Austausch der BP der unterschiedlichen Unternehmensbereiche untereinander ist für den befragten BP deshalb von Bedeutung, um laufend über Erfahrungen der Kollegen aus den anderen Unternehmensbereichen in Kenntnis gesetzt zu werden. Man erhofft sich dadurch Aktivitäten, die einen Misserfolg hervorgebracht haben, gleich eliminieren zu können und so einen möglichst effizienten Projektverlauf zu gewähren, da der BP Kenntnisse von erfolgsversprechenden Maßnahmen bzw. Aktivitäten gewinnt.

Der Interviewte ist der Überzeitung, dass der nachhaltige Erfolg des Projekts erst lange nach dessen Ende sichtbar werden wird.

Unternehmensbereich 5

- Bewusstsein der MA in Sachen Gesundheit und zu größerem Engagement zu stärken ist wesentlich
- Erwartungen vom Vorstand / von der Projektleitung an BGF-PartnerInnen sind hoch
- Entwicklung zielgruppenspezifischer und bedarfsgerechter Seminare ist wichtig
- Konkrete Planung und Kontrolle von Maßnahmen wird von der Projektleitung erwartet
- Das Projekt muss noch direkter und verbindlicher an die MA herangetragen werden
- Bewusstseinsbildung bei den MA ist wesentlicher Bestandteil der Aufgabe der BGF-PartnerInnen
- Teilerfolge sind wichtig, um die Motivation der MA zu erhöhen

Für den BP des Geschäftsbereichs 5 ist ein Grundstein des Projekts das Bewusstsein der MitarbeiterInnen in Sachen Gesundheit zu stärken, sowie das Engagement für die betriebliche Gesundheitsförderung zu erhöhen. Die Bewusstseinsbildung der MitarbeiterInnen ist erstens ein wesentlicher Bestandteil des Projekts und zweitens Aufgabe des BPs.

Der für den Bereich 5 nominierte BP merkt an, dass die Erwartungen an den Erfolg des Projekts seitens des Vorstandes und seitens der Projektleitung an die BP sehr hoch sind. Um diesen Erwartungen gerecht zu werden, sieht er die Entwicklung zielgruppenspezifischer und bedarfsgerechter Seminare als besonders wichtig an.

Der BP im Bereich Vertrieb erwartet sich zudem eine konkrete Planung und Kontrolle von durchgeführten Maßnahmen von der Projektleitung. Diese Kontrolle verlangt einen regen Informationsaustausch zwischen den Projektleitung und dem BP. Ebenfalls wird die Meinung vertreten, dass das Projekt noch direkter und verbindlicher an die MitarbeiterInnen herangetragen werden muss.

Für den Bereich 5 ist neben der Bewusstseinsbildung der MitarbeiterInnen durch den BP auch die Kundmachung der Teilerfolge wesentlicher Bestandteil des Projekts, um dadurch die Motivation der MitarbeiterInnen für das Projekt zu erhalten und zu erhöhen.

Unternehmensbereich 6

- BGF-Partner – Aufgabe unfreiwillig übernommen; wird erst in die Funktion hineinwachsen
- Zeitmangel ist groß; viel Unterstützung wird erwartet
- BGF-PartnerInnen-Treffen zwischendurch sind hilfreich
- Das Projekt wird von den MA noch zu wenig angenommen
- Motivation der MA für aktives Engagement ist wesentlich
- Aktive Unterstützung der Vorgesetzten ist notwendig

Da der BP im Bereich 6 seine Funktion nicht freiwillig übernommen hat, wird der BP erst stetig in seine Funktion hineinwachsen, da er sich vorher noch nicht mit der Bedeutung dieser Rolle auseinandergesetzt hat.

Der BP sieht für ein derartiges Projekt der Zeitmangel als enorm an, weshalb er sich viel Unterstützung erwartet, da er befürchtet aufgrund der knappen Zeitressourcen die anstehenden Aufgaben nicht bewältigen zu können. Trotz des großen Zeitmangels erachtet er zwischenzeitliche BP-Treffen als hilfreich, um den Erfolg des Projekts zu garantieren. Im Geschäftsbereich 6 wird das Projekt von den MitarbeiterInnen noch zu wenig angenommen, weswegen die Motivation der MitarbeiterInnen, sich aktiv am Projekt zu beteiligen, als wesentlicher Bestandteil für das Gelingen des Projekts erachtet wird.

Im Bereich 6 sieht der BP für den Erfolg des Projekts neben anderer Unterstützung vor allem eine aktive Unterstützung durch die Vorgesetzten als notwendig an.

Unternehmensbereich 7

- MA sind begeistert dabei; die Maßnahmen sollen während der Arbeitszeit durchgeführt werden
- Seminarangebot allein ist zu wenig
- Praktische Übungen (am PC u.dgl.) sollen Gesundheitsbewusstsein stärken und festigen
- Funktionierender und gehaltvoller Informationsfluss sowie gesicherte Finanzierung sind für den Projekterfolg wichtig
- Projekt ist erfolgreich, wenn es von der ganzen Abteilung getragen wird

Im Unternehmensbereich 7 sind die MitarbeiterInnen laut des zuständigen BPs großteils vom Projekt begeistert und aktiv dabei.

Als besonderer Wunsch wird in diesem Unternehmensbereich erwähnt, dass die Projektmaßnahmen, wenn möglich während der Arbeitszeit durchgeführt werden sollen. Das Seminarangebot allein ist den MA dieses Unternehmensbereiches als gesundheitsfördernde Maßnahme zu wenig. Zusätzlich werden etwa praktische Übungen, z.B. am PC, als weitere mögliche Maßnahmen zur Stärkung und Festigung des Gesundheitsbewusstseins vorgeschlagen.

Als besonders wichtig für den Projekterfolg werden in diesem Unternehmensbereich vor allem ein funktionierender und gehaltvoller Informationsfluss, sowie die gesicherte Finanzierung des Projekts genannt. Weiters erscheint es dem BP besonders wichtig, dass das Projekt von der ganzen Abteilung getragen wird.

Unternehmensbereich 8

- BGF-Rolle ist persönliches Anliegen; BP zu sein ist „Job", dieser kann wegen Mehrbelastung aber nicht 100%-ig ausgeübt werden
- Führungskräfte müssen das Thema Gesundheit vorleben
- Projektmaßnahmen dürfen die MA nicht von der „Arbeit abhalten"; Umsetzungen wegen zeitlicher Mehrbelastung der MA eher schwierig
- Stress ist ein zentrales Thema

- Unterstützung wird als selbstverständlich von der Projektleitung erwartet
- Für die einzelnen Themenschwerpunkte und Fachbereiche müssen Spezialisten eingesetzt werden (Entlastung BP)

Der zuständige BP im Bereich 8 gibt an, dass ihm seine Rolle als BP zwar einerseits ein persönliches Anliegen ist, andererseits ist es aber ein zusätzlicher „Job", den er aufgrund der Mehrfachbelastung nicht 100%ig ausüben kann.

Als besonders wichtig erscheint es dem BP in diesem Unternehmensbereich, dass die MitarbeiterInnen durch die Projektmaßnahmen nicht von ihrer eigentlichen Arbeit abgehalten werden. Generell sieht er die praktische Umsetzung der Projektmaßnahmen aufgrund der zeitlichen Mehrfachbelastung der MA als eher schwierig. Als zentrales Thema für Projektmaßnahmen sieht er das Thema „Stress" und „Stressbewältigung". Damit das Projekt erfolgreich werden kann, müssen laut BP im Bereich 8 besonders die Führungskräfte das Thema Gesundheit aktiv vorleben.

Bezüglich Unterstützung der BP bei der Durchführung des Projekts erwartet sich der BP konstante, auch unaufgeforderte Hilfestellungen durch die Projektleitung. Zur weiteren Entlastung der BP müssen für die einzelnen Themenschwerpunkte und Fachbereiche Spezialisten eingesetzt werden.

Unternehmensbereich 9
- Aufmerksamkeit für Gesundheit wurde bei den MA durch das Projekt gesteigert; im Unternehmen selbst muss noch mehr über das Projekt kommuniziert werden
- Der Arbeitsplatz fordert weitere gesundheitsfördernde Maßnahmen; Animation der MA ist wichtig
- Konkrete finanzielle Unterstützung muss noch geklärt werden
- Mehr Infos von der Führungsebene an die EP wäre hilfreich

Laut zuständigem BP im Unternehmensbereich 9 wurde bei den MitarbeiterInnen in diesem Bereich die Aufmerksamkeit gegenüber dem

Thema Gesundheit durch das Projekt gesteigert. Generell sollte im Unternehmen selbst aber noch mehr über das Projekt kommuniziert werden. Für die BP im Bereich 9 ist für den Projekterfolg die Animation der MitarbeiterInnen bezüglich der Projektmaßnahmen besonders wichtig. Auch sind weitere gesundheitsfördernde Maßnahmen am Arbeitsplatz nötig.

Bezüglich Unterstützung der BP bei der Durchführung des Projekts ist der BP die konkrete finanzielle Unterstützung beim Projekt noch unklar und muss geklärt werden. Weiters wünscht sie sich besonders von der Führungsebene noch mehr Infos über das Projekt.

Unternehmensbereich 10
- Nicht zu viel „Wirbel" um das Projekt machen
- MA sind seriös auf die Angebote hinzuweisen und die Teilnahme ist auch entsprechend zu ermöglichen
- Wichtig ist, dass das Projekt weiter vom Vorstand in der Breite getragen wird, in der es initiiert wurde
- Es gibt persönlichen Kontakt von MA zu BP bei Gesundheitsproblemen

Beim Einzelgespräch mit dem BP des Unternehmensbereichs 10 wurden einige Aussagen auch zum Gesamtprojekt genannt. Zum einen gab der BP an, dass nicht zu viel „Wirbel" um das Projekt gemacht werden sollte, sei es von den Führungskräften, den Mitarbeitern oder den anderen BP-Kollegen. Das BGF- Projekt soll neben dem normalen Betrieb einhergehen, ohne großen Aufwand.

Außerdem sollen die MitarbeiterInnen auf die im Projekt angebotenen Angebote seriös aufmerksam gemacht werden. Darunter versteht der BP, dass alle MitarbeiterInnen einerseits ernsthaft über das Angebot informiert werden sollen, sei es via E-Mail oder Aushang am schwarzen Brett, und dass alle MA die Angebote auch tatsächlich nutzen können sollen. Das heißt, alle Mitarbeiter Innen sollen sich frei fühlen, die Angebote zu nutzen, ohne seitens der Vorgesetzten das Gefühl zu haben, eine Teilnahme sei in Wahrheit aus Zeitgründen nicht erwünscht.

Weiters ist es dem zuständigen BP im Bereich 10 besonders wichtig, dass das Projekt vom Vorstand auch weiterhin in der Breite getragen wird, in der es auch initiiert wurde.

Der BP bestätigt, dass in seinem Unternehmungsreich Kraftwerke ein guter Kontakt zwischen den MitarbeiterInnen und ihm besteht. In dieser Abteilung gibt es also viel persönlichen Kontakt zwischen dem BP und den MitarbeiterInnen und der BP ist auch der Meinung, dass ein persönliches Gespräch viel wichtiger ist als E-Mail Kontakt. Meist wird ein Gespräch mit dem BP auf Grund von Gesundheitsproblemen der Mitarbeiter gesucht. Es wird dann gemeinsam versucht eine Lösung für die Probleme zu finden bzw. auch außenstehende Hilfe zu organisieren.

Unternehmensbereich 11

- Bislang wenig Kontakt zu den MA
- Zeitliche und finanzielle Konkretisierung des Bedarfs
- Ältere Generationen im Betrieb zu halten ist wichtig
- Gut aufbereitete Informationen sind für Erfolg wichtig

Im Unternehmungsbereich 11 ist die Lage laut BP zurzeit so, dass zwischen den MA und der Partnerin wenig Kontakt vorhanden ist. Jedoch ist es ihr, laut Einzelgespräch, ein Anliegen, dass in Zukunft mehr persönlicher Kontakt zwischen den Mitarbeitern und ihr herrscht. Die Gründe, warum noch kein Kontakt vorhanden ist, sind aus dem Gespräch nicht eruierbar.

Ein weiterer Punkt, den die Partnerin als wichtig erachtet, ist die Tatsache, dass der Unterstützungsbedarf der MA zeitlich und finanziell konkretisiert werden muss. Für das BGF- Projekt soll ein gewisser zeitlicher Rahmen für jeden zur Verfügung stehen, sei es für die MA, die Führungskräfte oder auch den BP, damit sich auch alle an diesem Projekt beteiligen können. Die finanziellen Ressourcen, die vorgegeben wurden, sollten ebenfalls bis zum Ende des Projektes gesichert sein.

Der zuständige BP ist auch der Meinung, dass es wichtig ist, die ältere Generation im Betrieb zu halten, denn diese MA bringen eine Menge an Erfahrungen und Praxis mit. Durch das BGF- Projekt soll etwas für diese Generation und deren Gesundheit und Wohlbefinden gemacht werden.

Die Partnerin findet ebenfalls, dass gut aufbereitete Informationen für den Erfolg des Projektes ausschlaggebend sind. Die Informationen sollen jedem MA zugänglich sein und die wesentlichen Dinge, die im Projekt wichtig sind, seien es Schwierigkeiten, Probleme oder weiteres Vorgehen, verständlich wiedergeben. Eine fehlerfreie informative Basis ist gut für den Verlauf und den Erfolg des BGF- Projektes.

Unternehmensbereich 12
- BGF-Partner ist nur für Planung, nicht für den Erfolg des Projekts verantwortlich
- Gemeinschaftsbildende Maßnahmen sind wichtig
- Insgesamt sind die knappen Zeitressourcen eine große Hürde
- Gute Planung und Unterstützung des Chefs sind wichtig

Der Partner für den Unternehmungsbereich 12 ist der Meinung, dass er als BP nur für die Planung der Maßnahmen zuständig ist und nicht für den Erfolg des Projektes; dafür seien andere verantwortlich. Für ihn ist es wichtig, dass gemeinschaftsbildende Maßnahmen zustande kommen. Die Maßnahmen sollen so gestaltet sein, dass die MA des Unternehmens zusammenkommen und etwas gemeinsam unternehmen. Somit soll die Gemeinschaft gefördert werden. Jedoch bei einigen MitarbeiterInnen schwierig, diese davon zu überzeugen und sie zu motivieren.

Als eine Hürde für das Projekt können die knappen Zeitressourcen angesehen werden. Denn wenn man, laut BP, einen größeren Zeitrahmen zur Verfügung hätte, so würde es eine bessere Umsetzung des Projektes geben. Außerdem ist dem BP wichtig, dass der Chef hinter dem Projekt steht. Der Chef soll als Unterstützung wirken und diese Unterstützung auf die MA übertragen. Ebenfalls ist von Bedeutung, dass eine gute Planung für das Projekt vorhanden ist, denn ohne gute Planung kann das BGF-Projekt nicht funktionieren.

4.3 Reflexionsworkshop

In Anlehnung an die vorangegangenen Interviews im Laufe des Projekts wurde ein Leitfaden mit folgenden drei Dimensionen erstellt:

- Rolle und Selbstverständnis

Sie erinnern sich bestimmt an unser letztes gemeinsames Gespräch.

Wenn Sie kurz Bilanz ziehen, was hat sich seither verändert in Ihrer Funktion als BP?

Hat sich Ihre Vorstellung über Ihren Aufgabenbereich verändert?

- Projektverlauf und Maßnahmenebene

Ziehen Sie bitte nochmals kurz Bilanz:

Was hat sich in der Abteilung/ im Unternehmen seit Beginn des Projekts verändert? (Denken Sie an Maßnahmen, MA, Führungskräfte,…)

Was funktioniert? Was ist weniger gut gelungen?

Was muss sich Ihrer Meinung nach noch verändern, damit das Projekt erfolgreich wird

- Tagesbilanz

Bilanz zum heutigen (Reflexions-) Tag:

Wie haben Sie den heutigen Tag erlebt?

Wie wichtig und hilfreich sind regelmäßige BP-Treffen für Sie?

Welchen Nutzen ziehen Sie daraus?

Welche Unterstützung brauchen Sie konkret für die Arbeit als BP in Ihrer Abteilung?

Was wünschen Sie sich?

Dieser Gesprächsleitfaden sollte dazu dienen, in Kleingruppen-Interviews noch einmal die Stimmung bzw. Einstellung der BGF-PartnerInnen zum laufenden Projekt zu erheben, diese Bilanz ziehen zu lassen und somit die Projekt-Evaluation abzuschließen.

Im Folgenden werden die Dimensionen kurz vorgestellt und danach die Ergebnisse dargestellt. Die Dimension Rolle und Selbstverständnis wird nach Bereichen gegliedert aufgezeigt, um eine Darstellung der persönlichen unterschiedlichen Entwicklung bei den BGF-PartnerInnen zu ermöglichen. Im Anschluss daran werden die Dimensionen Projektverlauf & Maßnahmenebene und Tagesbilanz thematisch gegliedert berichtet. Dies soll ein übersichtliches Bild über die derzeitige Situation des Projektverlaufs innerhalb des Unternehmens geben.

4.3.1 Dimension Rolle und Selbstverständnis der BP

Wie hat sich Ihr Selbstverständnis verändert und wie sehen Sie Ihre Rolle als BGF-PartnerIn jetzt?

Hier wird der Bogen zu den Anfängen des Projektes gespannt. Die Dimensionen beschäftigen sich mit den Veränderungen bezüglich der persönlichen Vorstellungen und Aufgaben der BPs. Im Zuge dessen wird an das erste Treffen der BP erinnert und Bilanz gezogen, was sich seither verändert hat. Erstens wird gefragt nach den Veränderungen bezüglich der Funktionen der BP und zweitens nach den Veränderungen bezüglich der Vorstellungen über den Aufgabenbereich seit Nominierung zu dieser Position.

Damit wird erhoben, was seit dem letzten Treffen bereits bei den BP passiert ist. Sind die BP in ihre Rolle „hineingewachsen", oder haben sich die Rollenvorstellungen verändert bzw. wie verhält sich die Realität der Aufgaben zu den Vorstellungen der BP?

Die konkrete Fragestellung lautete wie folgt:

- Sie erinnern sich bestimmt an unser letztes gemeinsames Gespräch:
- Wenn Sie kurz Bilanz ziehen, was hat sich seither verändert in Ihrer Funktion als BP?
- Hat sich Ihre Vorstellung über Ihren Aufgabenbereich verändert?

<u>Unternehmensbereich 1</u>

Im Bereich 1 ist das Projekt von der anfänglichen Idee zu einem realen Unterfangen geworden. Auch hat es an Bedeutung gewonnen und Gesundheit wird immer mehr zum Thema im Unternehmen. Es herrscht großes Engagement für das Projekt und die Workshops und Seminare sind inzwischen angelaufen. Außerdem wird von den MA Bereitschaft gezeigt, diese auch zu nutzen.

In der Zwischenzeit ist eine Übersicht über das Budget vorhanden, wie auch über den zeitlichen Rahmen. Dieser ist frei einteilbar und somit ergibt sich durch die zusätzliche Arbeit kein Zeitproblem für den BP. Generell ist die Einbindung ins Projekt sehr positiv, gefördert auch dadurch, dass der BP in der gleichen Abteilung wie die interne Projektleitung tätig ist. Die Zusammenarbeit mit Projektverantwortlichen ist gut und auch mit der Führungskraft herrscht gutes Einvernehmen. Positiv wird vom BP der Kontakt und Austausch mit anderen BPs bewertet.

Unternehmensbereich 2

Der BP im Bereich 2 ist erst seit einem Jahr bei diesem Projekt dabei und kann somit die Veränderungen von Anfang an nur wenig beurteilen. Dennoch ist bereits viel umgesetzt worden. So wurde ein Lauf-Projekt ins Leben gerufen; dies kommt bei den MA sehr gut an und hat bewirkt, dass die MA sorgsamer mit ihrem Körper umgehen. Ein größeres Bewusstsein für Gesundheit sowie Kommunikation und Akzeptanz unter den MA zu diesem Thema konnte gefördert werden. Dennoch gibt es MA, die am Projekt nicht teilnehmen wollen. Der BP möchte eine wöchentliche News-Mitteilung per Mail über verschiedene Gesundheitsthemen zur Bewusstseinsbildung einrichten.

Unternehmensbereich 3

Auch in diesem Bereich haben bereits Veränderungen stattgefunden. Das Bewusstsein zum Thema Gesundheit ist gestiegen und wird nun innerhalb der Abteilung thematisiert. Die Gesundheit wird nach Meinung des BP nicht überbewertet, aber realistisch wichtig genommen.
Die MA erwarten sich ein Konzept mit Vorschlägen und Anregungen aus denen sie auswählen können. Von seinen Kollegen erhält der BP positiven Zuspruch.
Bezüglich der Erwartungen des BP treffen sich diese sehr mit der Realität, da zu Beginn sehr genau beschrieben wurde, was auf ihn zukommen würde.

Unternehmensbereich 4

Die Nachfrage seitens der MA bezüglich des Projektes ist vorhanden und deren Begeisterung und Bewusstsein steigt. Dennoch brauchen sie sehr viel Motivation. Für den BP gibt es mehr zu tun, als dieser zu Beginn erwartet hat. Jedoch gestaltet sich die Zusammenarbeit mit den Projektverantwortlichen sehr gut. Die Führungskräfte werden empfänglicher für das Projekt und das Thema, aber der BP erwartet sich noch mehr Einsatz der Führungskräfte.

Die Themen sind sehr breit gefächert und umfassen sowohl Stressmessungen für Sportler als auch Themen bezüglich Generationenbelangen.

Unternehmensbereich 5

In diesem Bereich hat sich noch wenig verändert und das Projekt benötigt weiterhin Zeit, um sich vollständig entfalten zu können. Einstweilen besteht auch ein räumliches Problem, da die Räumlichkeiten sehr beengt sind. Dadurch liegen die Hoffnungen auf einem in Kürze geplanten Bürogebäude. Der BP findet die Workshops/Seminare für die BPs eher uninteressant, umgekehrt erhofft er sich viel von dem Seminar für die Führungskräfte.

Bezüglich des Projekts herrscht gutes Einvernehmen mit der Führungskraft. Jedoch hat der Chef wenig mit dem Projekt zu tun und kann sich demnach auch nicht damit identifizieren. Dies stellt für den BP ein Problem dar und somit ist es notwendig bei den Führungskräften etwas zu tun. Weiters sagte der Chef anfangs, dass für das Projekt fast nichts zu tun sei und die Arbeit Vorrang habe (= Arbeit vor Projekt). Dies stellte sich als falsch heraus und es entstand das Problem, dass zu wenig Zeit für mehr anstehende Tätigkeiten zur Verfügung stehen. Außerdem gibt es weniger Arbeitskräfte und mehr Arbeit, was zwangsläufig zu größerem Druck führt.

Unternehmensbereich 6

Seit Beginn des Projektes hat sich bereits einiges verändert. So sind Workshops und Seminare angelaufen, und von den MA wird Bereitschaft gezeigt, diese in Anspruch zu nehmen.

Generell sind Akzeptanz und Bewusstsein bei den MA gestiegen. Das Interesse am Thema hat zugenommen und damit auch die Kommunikation und die diesbezüglichen Anregungen. Das Projekt hat an Bedeutung gewonnen und animiert (u. a. durch den BP) die MA zu gesundem Leben, gesunder Ernährung und mehr Bewegung. Die Zufriedenheit mit dem Projekt, welche von Anfang an relativ hoch war, ist weiter gestiegen. Der BP empfindet eine große Eigenverantwortung, da er als BP die Projekte selbstständig auswählen und organisieren muss.

Unternehmensbereich 7

Auch in diesem Bereich hat sich einiges verändert. Das Projekt ist nun real und hat nicht mehr nur Alibifunktion. Aufgrund des vielfältigen Arbeitsgebiets ist es schwer zu überwachen, was gearbeitet wird bzw. was für das Projekt gemacht wird. Dies bietet dem BP Freiheit in der Umsetzung und dadurch entsteht durch die zusätzliche Arbeit kein Zeitproblem für den BP.

Mit der Führungskraft herrscht gutes Einvernehmen. Früher war das Thema Gesundheit eine Holschuld der MitarbeiterInnen. Die MA benötigen viel Motivation durch die BPs und nun ist das Projekt eine Bringschuld durch die BPs.

Unternehmensbereich 8

Der BP ist noch nicht seit Beginn des Projektes, sondern erst seit ca. 1 Jahr dabei, da er für jemand anderen „eingesprungen" ist. Infolge dessen kann er also die Veränderungen noch nicht so beurteilen. Grundsätzlich ist jedoch für dieses Projekt mehr zu tun, als der BP im Vorhinein angenommen hat.

Der BP denkt, dass das Projekt noch Zeit benötigt, um sich vollständig entfalten zu können. Dabei ist der Bereich 8 ein eher komplizierter Bereich, da knapp 100 MA und seiner Meinung nach relativ viele Vorgesetzte, nämlich 8 Vorgesetzte haben. Diese Führungskräfte haben kaum mit dem Projekt zu tun und können sich damit nur schwer identifizieren, was in Folge die Arbeit für die BP erschwert. Es wurde vom BP bereits versucht, Vorhaben umzusetzen, jedoch schlugen diese aufgrund fehlenden Durchsetzungsvermögens fehl. Den Schwerpunkt setzt der BP somit auf Bewusstseinsbildung bei den MA und den Chefs.

<u>Unternehmensbereich 9</u>

Es gab auch hier Veränderungen und die Nachfrage bei den Mitarbei-terInnen ist nun vorhanden. Für den BP ist eine größere Akzeptanz und größeres Interesse unter den MA feststellbar. Dies zeigt sich in Vorschlägen und Anregungen von Maßnahmen.

Der BP setzt aufgrund noch fehlenden Bewusstseins innerhalb der Firma seinen Schwerpunkt auf Bewusstseinsbildung bei den MA und den Chefs. Er möchte seine MA zu gesundem Leben (z.b. vermehrte Bewegung und gesündere Ernährung) animieren. Dazu werden auch Plakate als Mittel zur Bewusstseinsbildung genutzt, nach dem Motto: gesunder MA = guter MA. Grundsätzlich konzentriert sich der BP eher auf die psychische Ebene (z.B. Burnout) als auf physische, da die Ar-beitsplätze bereits ergonomisch ausgestattet sind.

Die Projekte des BP werden bereits angenommen, allerdings ist viel Motivation von Seiten des BP notwendig. Mit der Zeit werden die Füh-rungskräfte für das Thema und das Projekt empfänglicher. Dabei wird das Thema Gesundheit nach wie vor vernachlässigt. Das Unternehmen will „funktionierende" MitarbeiterInnen, wobei gleichzeitig gespart werden muss.

Der Stellenwert des BP ist im Vergleich zum Beginn des Projektes ge-stiegen. Er versucht permanent am Ball und freundlich zu bleiben, da ihm das Vertrauen der MA zu den BPs wichtig ist. Dabei orientiert er sich auch an anderen BPs.

4.3.2 Dimension Projektverlauf und Maßnahmenebene

Wie beurteilen Sie die bisherige Entwicklung des Projekts und wie schätzen Sie diese Veränderungen ein?

In der Station Projektverlauf und Maßnahmenebene sollte nun erho-ben werden, wie die BGF -PartnerInnen die bisherige Entwicklung des Projekts beurteilen, welche Veränderungen bisher stattgefunden ha-ben und was sich dabei positiv bzw. negativ ausgewirkt hat.

Am Ende des Interviews sollten die befragten BGF-PartnerInnen noch Vorschläge bezüglich weiterer Veränderungen bzw. Verbesserungen zur erfolgreichen Durchführung des Projekts äußern. Der dazuge-hörende Interview-Leitfaden sah folgendermaßen aus:

<u>Bilanz MitarbeiterInnen / Führungskräfte</u>

- Was hat sich in der Abteilung/ im Unternehmen seit Beginn des Projekts verändert? Denken Sie an Maßnahmen, MitarbeiterInnen, Führungskräfte!
- Was funktioniert? Was ist weniger gut gelungen?
- Was muss sich Ihrer Meinung nach noch verändern, damit das Projekt erfolgreich wird?

Laut Aussagen der BGF-PartnerInnen hat eine Bewusstseinsänderung bezüglich des Themas Gesundheit sowohl bei den MitarbeiterInnen als auch (teilweise) bei den Führungskräften stattgefunden. Dementsprechend hat sich auch eine größere Akzeptanz gegenüber dem Projekt und der Einbindung des Projekts in den Arbeitsalltag durch vermehrte Kommunikation entwickelt.

Dennoch ist laut BGF-PartnerInnen weiterer Druck auf die Führungskräfte notwendig, da trotz allem noch keine 100%ige Akzeptanz existiert und das Projekt von einigen Führungskräften noch immer als zweitrangig nach der zu erledigenden Arbeit gesehen wird.

Eine große Rolle bei der Entwicklung des Projekts spielt das Projektteam, da sich die BGF-PartnerInnen bei Fragen und Anregungen an diese Team wenden können. Außerdem liegen große Hoffnungen der BGF-PartnerInnen auf dem Projekt „Gesundes Führen", da sie sich dadurch einen besseren (leichteren) Zugang zu und mehr Kommunikation mit ihren MitarbeiterInnen sowie den Führungskräften erhoffen.

<u>Bilanz zu den bisherigen Maßnahmen</u>
Laut BGF-PartnerInnen konnten bisher nur wenige bis keine Maßnahmen umgesetzt werden. Allerdings werden die wenigen, die umgesetzt worden sind, mitunter sehr gut angenommen und dadurch die MitarbeiterInnen motiviert, sich bei gesundheitlichen Themen zu engagieren. Bei einigen BGF-PartnerInnen gingen bereits Anfragen bzw. Anregungen von MitarbeiterInnen zu eventuellen Maßnahmen ein.

Die Rolle und Aufgabe der PartnerInnen ist mittlerweile klar definiert und allgemein bzw. bei beiden Seiten bekannt und akzeptiert. Die verschiedenen Angebote werden vorwiegend von jenen MitarbeiterInnen und Führungskräften genutzt, die wirklich Interesse daran haben und engagiert sind. Ausschlaggebend hierfür sind sowohl Zeit-, Kosten- als auch Interessensgründe. Bereichsspezifische Angebote werden von den MA scheinbar besser angenommen und haben größeren Erfolg aufgrund der möglichen bereichsspezifischen Schwerpunktsetzung.

Schließlich bemerkten die BGF-PartnerInnen noch, dass es den MA durch Feedbackbögen möglich ist, ihre Eindrücke, Meinungen und (Verbesserungs-) Vorschläge den BGF-PartnerInnen mitzuteilen. Diese Möglichkeit wird auch genutzt.

Positive Erfahrungen und Kritikpunkte

Als positive Entwicklungen sahen die BGF-PartnerInnen die erfolgreiche Umsetzung der Vorschläge aufgrund des großen Rücklaufs der durchgeführten Mitarbeiter-Befragung. Weiter besteht auch eine gute Kommunikationsbasis bezüglich neuer für die MA passender Gesundheitsthemen. Schließlich bemerkten die BGFPartnerInnen bei den MA großes Interesse und eine positive Einstellung gegenüber dem Projekt, sowie ein gesteigertes Gesundheitsbewusstsein. Als wichtig wird dabei allerdings die Abstimmung von Angebot und Nachfrage erachtet.

Als negativ stuften die BGF-PartnerInnen die Kontaktabstimmung sowohl zwischen den BGF-PartnerInnen selbst, als auch zwischen den BGF-PartnerInnen und den MA sowie Abteilungsleitern ein.

Vor allem von Seiten der Führungskräfte, aber auch einiger MA werden das Projekt und die BGF-PartnerInnen als eher lästig gesehen, also eher geduldet als akzeptiert. Als Gründe hierfür werden genannt, dass das Projekt dem Unternehmen unmittelbar „kein Geld bringe" und die MitarbeiterInnen von ihrer normalen Arbeit abgehalten werden.

Abschließend erwähnten die befragten BGF-PartnerInnen noch, dass die Attraktivität der Angebote gesteigert werden muss, damit eine größere Teilnahme erzielt werden kann.

Verbesserungsbedarf

Die BGF-PartnerInnen erachten es als sehr wichtig, dass von Seiten der Führungskräfte mehr Unterstützung vor allem in Bezug auf die Umsetzung und die Finanzierung sowie hinsichtlich der Bewusstseinsbildung kommt.

Des Weiteren wünschen sich die BGF-PartnerInnen mehr Beteiligung und Interesse der MA an den Angeboten im Laufe des Projektes. Sie wollen die MA mehr in das Projekt mit einbeziehen, ohne sie jedoch zu überfordern. Den MitarbeiterInnen soll die Möglichkeit gegeben werden, sich einzubringen und mitzuwirken, sowie sich mitzuteilen, wenn es ihnen einmal schlecht geht (sei es psychisch oder physisch).

Am Ende erwähnten die BGF-PartnerInnen schließlich, dass sie es als wichtig erachten, die MitarbeiterInnen zur Teilnahme, sowie zur Informationsweitergabe zu animieren und motivieren. Für den Erfolg des Projektes, dessen Nachhaltigkeit, Transparenz und Kategorisierung als auch die Balance zwischen Freizeit und Beruf sei dies sehr wichtig.

Bedeutend hierfür sind verschiedene Ansatzpunkte wie z.B. den Menschen bzw. den MA als Ressource zu sehen und zu versuchen, mittels dauernder Erinnerungen gesundheitlich am Ball zu halten, da nur gesunde MA auch einen gesunden Betrieb ausmachen.

4.3.3 Dimension Tagesbilanz

Der Leitfaden für diese Station gliederte sich wie folgt:

Tageseindrücke

Bilanz zum heutigen Tag

- Wie haben Sie den heutigen Tag erlebt?
- Sind regelmäßige BP-Treffen wichtig und hilfreich für Sie?
- Welchen Nutzen ziehen Sie daraus?
- Welche Unterstützung brauchen Sie konkret für die Arbeit als BP in Ihrer Abteilung?
- Was wünschen Sie sich?

Das Treffen wurde von den BGF-PartnerInnen als wichtig erachtet, um Erfahrungen auszutauschen und zu erfahren, wie es den anderen beim Projekt geht und welche Erfolge und Schwierigkeiten bereits aufgetreten sind. Ein weiterer wichtiger Aspekt für die BP war es, sich näher kennenzulernen, da durch die Firmenstruktur ein Teil am Ort A und der andere im Ort B beschäftigt ist. Begeistert hat die BGF-Partner-Innen der Seminartag nicht zuletzt aufgrund des bunten Programms mit den aktuellen Themen (z.B. Stressbewältigung)

Bedeutung regelmäßiger BP-Treffen
Die Treffen sind deshalb für die BP wichtig und hilfreich, da man gerne Erfahrungen austauscht. Jedoch ist den BGF-PartnerInnen klar, dass dies aus finanziellen Gründen nicht immer möglich ist. Ideal sind viertel- bis halbjährliche Treffen, bei jeweils halbtägigen Seminaren. Man versucht allerdings sich auf Eigeninitiative auch telefonisch auszutauschen.

Persönlicher Nutzen
Der Nutzen für die BGF-PartnerInnen liegt im Erfahrungsaustausch, da dieser die Fortschritte seit dem letzten Treffen verdeutlicht und er Rückenstärkung bei der Bewältigung von Problemen leistet. Bei diesem Treffen waren die Informationen über Stressbewältigung besonders wichtig, da diese vor allem Schreibtischarbeitern in Zukunft als Ausgleich dienen könnten.

Benötigte Unterstützung
Als Unterstützung des Projekts empfinden die BPs die Projektverantwortlichen als positiv und hilfreich, weil unaufdringlich. Jedoch wünschen sich die BGF-PartnerInnen, laufend Informationen, um immer am neuesten Stand sein zu können.
Ein weiterer Wunsch der BP ist es, ein verstärktes Gesundheitsbewusstsein im Betrieb herzustellen, da gesunde MitarbeiterInnen heutzutage nicht mehr selbstverständlich sind und diese einen wertvollen Teil einer guten Firma ausmachen. So wie die Eigenverantwortung der MA, sollten auch die verantwortlichen Führungskräfte bei der Umsetzung hilfreich sein.

Wünsche

Viele BGF-PartnerInnen haben den Wunsch, dass das Projekt vor allem nachhaltig ein Erfolg wird, also auch nach den geplanten drei Jahren weiter existiert.

Weiters wurde der Wunsch ausgesprochen, dass man die Angebote in Zukunft step by step attraktiv gestalten und auf einen breiten Rahmen ausdehnen soll, damit für alle Bereiche Möglichkeiten inkludiert sind. Somit sollen sie für jeden, ohne dass dabei der zeitliche und finanzielle Rahmen zu hoch wird, zugänglich sein.

Viele Unklarheiten gibt es noch im Bereich der Budgetierung, da die Einschätzung über die Höhe des finanziellen Aufwandes, bei den BGF-PartnerInnen noch nicht vorhanden ist. Daher der Vorschlag, bei einem nächsten Treffen dies als wichtiges Thema zu behandeln, um das Problem zu klären. Damit das Projekt ein voller Erfolg wird, muss nach Meinung der BP den Führungskräften noch mehr das Gefühl der Wichtigkeit transportiert und das Projekt zur Marke gemacht werden, sodass das Thema Gesundheit ins Bewusstsein der MA eingeprägt wird.

Allgemeines zum Projekt

Wichtige allgemeine Aussagen waren die Probleme mit der Budgetierung. Außerdem wurde die Frage nach der Anzahl der bereits gesetzten Maßnahmen gestellt. Weiter wurde von den BP erwähnt, dass eine besonders wichtige Rolle im Projekt die Führungskräfte einnehmen, da diese der Schlüssel zur kontinuierlichen Maßnahmenumsetzung sind.

In einigen Abteilungen herrscht Misstrauen dem Projekt gegenüber, da es zum Beispiel in einer Abteilung ein Projekt gibt, bei dem man öffentlich im Internet sehen kann, wie viel Schritte die einzeln MitarbeiterInnen pro Tag gemacht haben. Die MitarbeiterInnen wünschen sich jedoch anonym zu bleiben (Recht auf Datenschutz). Ein Drittel der MA, welche dem Projekt offen gegenüberstehen, haben bereits ein Sensorium für Gesundheitsbewusstsein entwickelt. Ein weiteres Drittel kann man laut BP noch vom Projekt überzeugen, das letzte Drittel jedoch lässt sich nicht dafür begeistern bzw. überzeugen. Es gibt jedoch Abteilungen, in welchen das Projekt schon als sehr präsent angesehen wird.

Das ganze Projekt wird als Reifungsprozess gesehen, zwei BP jedoch, welche neu dazugekommen sind, sind begeistert welche Fortschritte vom Projektanfang bis jetzt schon zu sehen sind. Für das erfolgreiche Weiterarbeiten ist vor allem die laufende Kommunikation wichtig, sowie die Möglichkeit, die MitarbeiterInnen durch Maßnahmen motivieren zu können. Die BP warnten jedoch davor, die MA zu überfordern, da viele MA der Meinung sind, dass Gesundheit ihr Eigentum ist und sich dadurch eine Abneigung gegen das Projekt entwickeln könnte. Die Gefahr des Missbrauchs, durch z.B. „schwänzen" der Arbeitszeit durch Seminare, besteht laut BGF-PartnerInnen nicht, da trotzdem alle Aufgaben erledigt werden müssen und erledigt werden.

Die Fragen, welche bei den Interviews gestellt wurden, werden von den befragten BP als interessant und gut formuliert bezeichnet, da sie zur Reflexion des eigenen Handelns zwingen und einen neuen Zugang zum Thema ermöglichen und oft auch einen Anstoß für weitere Ideen geben.

Die wesentlichen Ergebnisse der Interviews können stichwortartig in folgender Kurzbilanz zusammengefasst werden:

- Veränderungen sind überall spürbar; Zufriedenheit mit dem Projekt ist gestiegen
- Workshops und Seminare sind angelaufen und werden von den MitarbeiterInnen gut angenommen; Spaß am Projekt steigt
- Kontakt und regelmäßiger Austausch mit anderen BGF-PartnerInnen ist wichtig und wird als motivierend erlebt
- Projekt ist jetzt „real" und hat an Bedeutung gewonnen, es ist Thema unter den KollegInnen; gutes Einvernehmen mit Führungskräften ist enorm wichtig
- gute Zusammenarbeit mit Projektleitung; Zufriedenheit und Stellenwert der eigenen Rolle steigen; MitarbeiterInnen brauchen Motivation von BGF-PartnerInnen
- Führungskräfte werden empfänglicher für das Thema / für das Projektanliegen

- Psychische und mentale Aspekte sind wesentlich (z.B. Burn-out); Arbeitsplätze sind ergonomisch ausgestattet
- Sensibilisierung für das Thema Gesundheit – auch bei den Führungskräften - hat stattgefunden, es wird mehr über Gesundheit geredet – und es gibt auch zunehmend mehr Unterstützung
- Es gibt aktuelle Anfragen über Möglichkeiten und Maßnahmen an BP; die Projektakzeptanz ist erhöht und erste Maßnahmen greifen im Berufsalltag (z.B. in der Besprechungskultur: Tee statt Kaffee, Obst statt Kuchen bzw. Abteilungsprojekte)
- Bedarf und Angebot sind bislang gut aufeinander abgestimmt
- Kontaktaufnahme zu allen zu betreuenden Bereichen ist schwierig
- Regelmäßige Kommunikation zwischen allen BGF-PartnerInnen ist wichtig
- Unterstützung von „oben" ist wichtig (evtl. mehr Druck auf Geschäftsführungsbereiche / Abteilungsleiter notwendig)
- Ansatzpunkte Bewegung und Stressmanagement sind gelungen
- MA sollen in MA-Gesprächen ihre Gesundheit thematisieren können
- Animation und Motivation von (noch) reservierten MA sind wichtig
- Projekt BGF soll noch transparenter werden (Bewegung, Ernährung etc.) und als (interne) Marke entwickelt werden

4.4 Ergebnisse der ExpertInneninterviews

Ergänzend zu den bisher dargestellten Methoden und Ergebnissen wurden begleitende ExpertInnengespräche mit der Projektleitung sowie den Mitgliedern der Projektsteuergruppe geführt. Der Gesprächsleitfaden beinhaltete folgende Dimensionen:
- Bedeutung des Projekts für den Konzern?
- Rolle und Selbstverständnis der Steuergruppe?

- Bisherige Bilanz:
  Was ist gut gelaufen? Was hat funktioniert? Warum?
- Was hätte besser laufen können? Erklärungen…?
- Was ist in der nächsten Zeit wichtig? Worauf ist zu achten?
- Worin bestehen die Aktivitäten der Steuerungsgruppen?
- Funktionieren die Kooperationen?
- Sind die Gespräche / Reflexionen ausreichend?
- Was sind für Sie die Erfolgskriterien?
- Wie ist die Nachhaltigkeit des Projekts zu sichern?
- Wie sehen Sie die Rolle / Aufgabe der BP?
- Wie beurteilen Sie Rolle und Aufgabe der Projektleitung?
- Welche Bedeutung haben Ihrer Meinung nach die Führungs-kräfte für den Erfolg dieses Projekts?
- Was sind Ihrer Meinung die wichtigsten Punkte, die in unmit-telbarer Zukunft zu beachten / zu tun sind?

Übersicht:

Wesentliche Ergebnisse aus den ExpertInnengesprächen

- Herausforderung: Projektmaßnahmen in den Arbeitsprozess zu integrieren – weg von der „Eventkultur"
- Die Führungskräfte spielen eine zentrale Rolle als Vorbilder und Multiplikatoren – ohne deren Unterstützung sind die BGF-PartnerInnen" kaum erfolgreich (Maßnahme: „Gesundes Füh-ren")
- Gesundheit kann und soll in Zukunft Fixpunkt beim Mitarbei-ter-Gespräch sein; auch bel Führungskräften ist das Thema in-nerhalb des MbO-Systems zu verstärken; die Implementierung des Gesundheitsthemas im Rahmen eines umfassenden Füh-rungsverständnisses (z.B. als Anliegen der Führungskräfteaka-demie) ist voran zu treiben
- Die Führungsebene darf die BGF-PartnerInnen nicht als jene MitarbeiterInnen sehen, an welche die „Gesundheitsverant-wortung" delegiert werden kann

- BGF-PartnerInnen brauchen „sandwich-support" von Projektleitung und von Führungskräften, um das Projekt nachhaltig zu implementieren
- Wichtig wird, in den Unternehmensbereichen als Projektleitung vor Ort präsent zu sein; die Entwicklung muss in Richtung dezentrale Organisation gehen
- In allen Unternehmensbereichen sind nachfolgend Maßnahmen mit nachhaltiger emotionaler Wirkung zu setzen; gemeinsames Erleben, Erinnern und Reflexion im Arbeitsalltag sollen verhaltens- und bewusstseinsverändernd wirken
- Aktivitäten der Steuergruppe in Richtung Unterstützung sind zu verstärken – die Steuergruppe darf sich verstärkt als Kooperationspartner und weniger als „Aufsichtsorgan" verstehen
- Reflexionsgespräche in der Steuergruppe sind zu intensivieren
- Abstimmungsprobleme und Ungleichzeitigkeiten des Informationsstandes zwischen Mitgliedern der Steuergruppe und der Projektleitung sind in Zukunft zu vermeiden; eine verstärkte gemeinsame Planung der Maßnahmen ist vorzunehmen
- Das Potenzial der Steuergruppe wird nicht zur Gänze ausgeschöpft –(Stichwort: „Nebenbeschäftigung") - Kompetenzen werden nicht genutzt: die Diskussion und Reflexion über Rollen, Aufgaben und langfristige Verantwortlichkeiten ist zu intensivieren
- Aufgaben und Kompetenzbereiche der Projektleitung werden phasenweise als diffus erlebt
- Eine klare Funktions- und Aufgabenbeschreibung des Verhältnisses der Konzern-Gesamtverantwortung zur Projektleitung wird in Zukunft hilfreich sein, das Projekt BGF in der Konzernstruktur entsprechend zu positionieren
- Hauptaufgabe der Projektleitung wird in Zukunft die bereichsspezifische Stärkung der BGF-PartnerInnen" sein, bei deren Auftrags- und Rollenklärung Unterstützung zu geben, deren Ideen und Anliegen zielgruppenkonform umsetzen zu helfen und die wesentlichen Informationen für die Maßnahmenpla-

nung und –durchführung sowie Abstimmungs- und Koordinationsarbeiten zu kommunizieren

- Die Nachhaltigkeit des Projekts ist mit einer klaren personellen Verantwortung und Zuständigkeit abzusichern

5 Zusammenfassung

Der Konzern X1X2 hat mit dem Projekt BGF einen vielversprechenden Weg zur Implementierung der betrieblichen Gesundheitsförderung beschritten. Beispielhaft wurden in der Projektkonzeption Schritte zur Qualitätssicherung eingeplant und durch entsprechende fachliche Begleitung von außen auch dafür Sorge getragen, dass alle Projektmaßnahmen im Sinne der Zielsetzungen – vor allem aber im Sinne der größtmöglichen Einbeziehung aller Geschäftsbereiche, Führungsverantwortlichen und MitarbeiterInnen – durchgeführt wurden. Die Tatsache, dass dieses Projekt schon mit bereichsspezifischen und facheinschlägigen Preisen und Auszeichnungen bedacht wurde, unterstreicht den Modellcharakter dieses Projekts betrieblicher Gesundheitsförderung.

Literaturverzeichnis

Bücherverzeichnis:
Badura, B. (2001: Betriebliches Gesundheitsmanagement. Was ist das, und wie lässt es sich erfolgreich praktizieren? In: Bundesgesundheitsblatt – Gesundheitsforschung – Gesundheitsschutz 2001/44. Springer Verlag.

Bortz, J. (2006): Forschungsmethoden und Evaluation. Springer Verlag

Decker, F. / Decker, A. (2001): Gesundheit im Betrieb. Vitale Mitarbeiter – leistungsstarke Organisationen. Rosenberger Fachverlag. Leonberg.

Fonds Gesundes Österreich (2006): Gesunde Klein- und Mittelbetriebe. Gesunde MitarbeiterInnen – Erfolgreiche Unternehmen. Friedrich VDV. Wien.

Fonds Gesundes Österreich (2006): Der WEG rechnet sich. Betriebliche Gesundheitsförderung
für KMUs.

HWB Psychologie (2002): Handwörterbuch Psychologie, Digitale Bibl. Band 23

Kruse, J. (2007): Reader „Einführung in die Qualitative Interviewforschung", Freiburg

Krueger, R.A.. (1988): Focus groups: a practical guide for applied research. Sage Publ.

Littig B./ Wallace, C. (1997): Möglichkeiten und Grenzen von Fokus-Gruppendiskussionen für die sozialwissenschaftliche Forschung. Reihe Soziologie Nr. 21, IHS Wien

Lamnek, S. (1989): Qualitative Sozialforschung, Methoden und Techniken, Band 2, Psychologie Verlags Union, München, S. 78

Mayring, Ph. (2007): Qualitative Inhaltsanalyse: Grundlagen und Techniken, Beltz Verlag, Weinheim und Basel

Meggeneder, O. / Pelster, K. / Sochert, R. (2005): Betriebliche Gesundheitsförderung in kleinen und mittleren Unternehmen. Huber Hans. Bern.

Merton, R.K. / Kendall, P.L. (1979): The focussed Interview. American Journal of Sociology, Vol. 51, S. 541 – 557

Naidoo, J. / Wills, J. (2003): Lehrbuch der Gesundheitsförderung. Bundeszentrale für gesundheitliche Aufklärung. Köln.

Internetquellen:
http://wko.at/sp/bgf/BGFStudie.pdf (dl: 10.4.2007)
http://www.betrieblichegesundheitsfoerderung.com/seite2.php (dl: 25.4.2008)

Sonstige Quellen:
Tagungsbericht zum 7. Informationstag zur Betrieblichen Gesundheitsförderung in Österreich (2002) BGF & Unternehmensentwicklung. Wien.

Zeitfracht Medien GmbH
Ferdinand-Jühlke-Straße 7
99095 Erfurt, Deutschland
produktsicherheit@kolibri360.de